THE EMOTIONAL COMPASS

THE EMOTIONAL COMPASS:
How to Think Better about Your Feelings
by Ilse Sand

Originally published by Forlaget Ammentorp, Denmark
as Find nye veje i følelsernes labyrint(Finding New Paths in the Labyrinth of
the Emotions)
1st edition 2011
2nd revised edition 2016
Translated in English by Nina Sokol
Copyright © Ilse Sand 2011, 2016

Korean translation copyright © Dasan Books Co., Ltd. 2017
This Korean edition published by arrangement with Ilse Sand through
Shinwon Agency Co., Seoul

서툰 감정

일자 샌드 지음 | 김유미 옮김

다산지식하우스

우리는 왜 이토록
감정에 서툰 사람들이 되었을까

나는 교구 목사로서, 그리고 심리 치료사로서 오랜 세월 많은 이의 삶을 듣고 접할 수 있었다. 또 오랜 기간 그들의 기쁨과 역경을 가까운 거리에서 지켜볼 수 있었다. 나는 그들이 겪는 많은 문제가 자신의 감정에 대한 일반적인 지식의 부족에서 비롯된다는 사실을 확인하고 놀라움과 충격을 받았다. 절대로 바꿀 수 없는 것을 바꾸려고 애쓰는 삶의 패턴에 갇혀 있는 사람들, 실제로 바꿀 수 있는 상황을 바꾸려는 노력 없이 울면서 탄식만 늘어놓는 사람들, 부적절한 사고의 습관에 갇혀서 불필요한 갈등을 겪고 있는 사람들. 그들이 겪는 문제는 필요한 지식을 얻고 잘못된 습관을 바로잡는 것만으로도 해결할 수 있는 것들이었다.

나는 실제로 자신에게 필요한 지식을 통해 새로운 삶을 발견한 사람을 많이 목격했다. 그들은 감정이 작동하는 방식을 이해하고, 삶에서 통제할 수 없는 것을 통제하려는 욕망을 내려놓고, 바꿀 수 있는 것들을 바꾸는 데 필요한 여분의 에너지를 찾았다. 이 책은 자기 자신과 자신의 감정을 더 깊이 이해하기 원하는 사람들을 위한 책일 뿐 아니라 다른 사람들의 감정적인 문제를 돕는 심리 치료사, 심리학자 등을 위한 책이기도 하다. 나는 오랜 기간 심리학 강의를 하면서 복잡하고 어려운 심리학 내용을 쉽게 이해하는 데 사례 연구가 중요한 역할을 한다는 것을 경험했다. 그래서 이 책에 나 자신과 내담자들, 강연 참가자들이 삶 속에서 경험한 실제 사례들을 담았다.

이 책에서 독자들에게 전달하는 지식의 일부는 내가 강연했던 내용이고, 일부는 심리 치료사로서 몇 년간 내담자와 상담했던 내용들이다. 나는 많은 사람이 심리적 기제가 작용하고 연결되는 방식에 대해 심화된 지식을 얻음으로써 더 편안하고 행복한 삶을 살아가는 것을 보았다. 지금 내가 소망하는 것은 이 책을 통해 그 지식이 더 많은 사람에게 전달되는 것이다.

내가 제안하는 직설적이고 현실적인 접근 방식이 삶의 유일한 방식은 아니다. 사람들은 저마다 매우 다른 존재이기에 모든 사람에게 적용되는 한 가지 올바른 방식은 없다. 이 책을 통해 자기 자신의 길을 스스로 찾을 수 있기를 바란다.

나의 조언은 당신이 선택할 수 있는 하나의 제안에 지나지 않는다. 어느 길이 당신에게 맞는 길인지 판단하는 것은 당신의 몫이다. 당신이 앞으로 가야 할 길은 내가 아직 경험하지 못한, 전혀 새로운 길일지 모른다.

나는 이 책에서 심리학적인 연관성을 실제 경험에 적용할 수 있는 쉬운 언어로 전달하려고 노력했다. 처음부터 끝까지 다 읽는 것이 가장 좋겠지만, 각 장을 나머지 장과 독립된 한 권의 책처럼 읽는 것도 좋은 방법이다.

당신이 느끼는 감정과 그러한 감정의 원인을 이해할
때, 훨씬 더 편안하고 자유롭게 자신의 길을 찾을 수 있을
것이다.

| 차 례 |

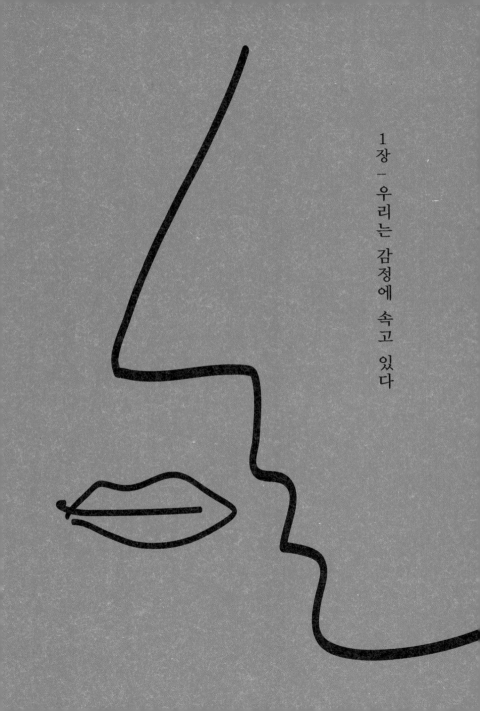

1장 – 우리는 감정에 속고 있다

여자들은 종종 '슬픔의 모자'를 쓰고 그 밑에 다른 감정들을 감춘다.

감정은 겉으로 드러나는 모습과 항상 일치하지는 않는다. 여자가 울고 있는 모습을 보면 우리는 그녀가 슬퍼하는 거라고 생각한다. 그러나 사실 그녀는 겁을 먹었거나, 화가 나서 울고 있는지도 모른다. 여자들은 종종 '슬픔의 모자'를 쓰고 그 밑에 다른 감정들을 감춘다.

마찬가지로 남자가 화내는 모습을 볼 때 우리는 그가 느끼는 감정이 분노라고 단언할 수 없다. 남자들은 두렵거나, 슬프거나, 우울하거나, 위기감을 느낄 때도 화를 내기 때문이다. 때때로 우리는 자신이 느끼는 기본적인 감정이 무엇인지 파악하지 못한다. 자신의 감정을 정확하게 인식하면 어떤 행동을 할지 선택할 수 있다.

감정은 기본적인 감정과 혼합된 감정으로 구분할 수 있다. 기본적인 감정은 모든 인간과 고등 동물이 보편적으로 느끼는 감정이다. 그 이외의 모든 감정은 기본적인 감정이 혼합되고 변형되어 나타나는 형태다.

어떤 감정을 기본적인 감정으로 간주할 것인가에 대해서는 의견의 차이가 있을 수 있지만, 심리 치료사들은 대체로 다음 네 가지 감정을 기본적인 감정으로 규정한다.

행복
슬픔
불안 / 두려움
분노

이 네 가지 감정은 우리가 느끼는 대부분의 감정을 충분히 설명한다. 예를 들면, 실망감은 슬픔과 분노가 혼합된 감정이고, 긴장감은 불안과 행복이 혼합된 감정이다.

내가 느끼는 감정이 어떤 것인지 확실히 파악되지 않

을 때, 나는 네 가지 기본적인 감정을 토대로 나 자신에게
묻는다.

"나는 지금 무엇에 화를 내는가?"
"나는 지금 무엇 때문에 슬픈가?"
"무언가를 두려워하고 있는가, 아니면 거기에 내가 인지하
지 못한 행복한 감정이 섞여 있지는 않은가?"

이 질문에 대한 해답을 얻으면, 그 감정을 더 쉽고 정확
하게 표현할 수 있다.

감정은 빨리 발견할수록 좋다

+

우리는 종종 감정이 일정한 강도에 도달할 때까지 그
감정을 인식하지 못한다. 어떤 감정을 전혀 느끼지 않는
상태를 0, 가장 강렬하게 느끼는 상태를 10이라고 하면,
때때로 감정이 5의 강도에 도달할 때까지 알아차리지 못

행복의 단계

누군가를 포옹하고, 키스하고, 춤추고 싶다

따뜻함

내면의 기쁨

열정

가벼운 느낌

에너지

배 안에서 거품이 일어나는 것 같은 느낌

즐겁고 가벼운 느낌

한다.

행복한 감정은 가볍고 기분 좋은 느낌으로 시작된다. 행복한 감정이 최고조에 도달하면 노래를 부르거나, 춤을 추거나, 누군가를 포옹하고 싶어진다.

감정이 시작되는 첫 단계에서 그 감정을 인식하는 연습을 해보자. 잠시 지속되는 강도 2 정도의 기쁨을 느낄 때, 그 감정을 인식하면 기쁨을 더 많이 느낄 수 있다. 햇살이 볼을 간질이거나, 지나가는 사람이 당신에게 미소를 짓는 것만으로도 행복을 느끼게 된다.

슬픔의 감정 역시 다양한 단계를 거친다. 슬픔의 초기 단계에서 감정을 인식하면 슬픔에 대응할 에너지를 더 많이 충전할 수 있다. 6장에서는 자기 자신과 감정을 분리하거나, 그 감정에 완전히 굴복하고 철저히 슬픔에 빠지는 것 중에서 선택하는 방법을 설명할 것이다.

분노는 빨리 발견하는 것이 중요하다. 이성을 잃는 단계에 이르면 명료한 생각을 하기 힘들다. 이 단계에서는 흑백의 이분법에 치우쳐서 극단적인 사고를 하기 쉽고, 다른 사람의 감정에 공감하는 능력을 잃게 된다.

슬픔의 단계

영원히 잠들고 싶다

심한 피로감

흐느껴 운다

큰 소리로 울고 싶다

얼굴이 떨림

목이 메임

눈에 눈물이 맺힘

몸이 무겁게 느껴짐

불쾌한 감정

약간의 피로감

강의 참가자들에게 분노의 감정이 시작되는 것을 어떻게 감지하는지 물어보면 차가운 기운을 느낀다고 대답하는 사람도 있고, 반대로 따뜻한 기운을 느낀다고 대답하는 사람도 있다. 어떤 사람들은 화가 나면 배 안에서 독특한 움직임을 감지한다고 한다. 화가 날 때 당신의 몸이 어떻게 반응하는지 감지하는 연습을 해보자. 분노가 약한 강도로 시작될 때 그 감정을 파악하는 방법을 알 수 있을 것이다.

감정의 강도는 상대방과 어떤 관계를 맺고 있는가에 따라 달라진다. 당신의 감정이 다른 사람의 감정과 연결되어 있을 때, 그 사람이 당신에게 중요한 의미를 갖는 사람이라면, 당신이 느끼는 감정의 강도는 높아질 것이다. 부정적인 감정을 느낄 때도 마찬가지다. 당신이 사랑하는 사람에게서 원하는 것을 받지 못할 때, 당신은 감정적으로 큰 타격을 입는다. 그러나 그 사람이 상점 주인이나 우편배달부처럼 별로 중요하지 않은 사람이라면, 그의 행동이 당신에게 큰 상처를 주지 않을 것이다.

항상 남들에게 호의를 베풀고, 자신의 감정 때문에 타

분노의 단계

최고조의 분노

격렬한 분노

심한 분노

분노

짜증

대체로 어떤 것이 마음에 들지 않는 느낌

인에게 부담을 주면 안 된다고 배운 사람은 다른 사람과 친밀한 관계를 맺는 게 어렵게 느껴질 수 있다. 사랑의 감정을 고백하는 사람을 만나면, 그들은 무의식적으로 자신의 감정을 표현하는 것에 두려움을 느끼고, 상대방의 결점을 찾아내서 그를 거절하는 핑계로 삼는다. 그러고는 자신과 다른 사람들에게 "그는 나에게 맞는 사람이 아니었어"라는 말로 자신의 행동을 합리화한다.

생각과 감정은 연결되어 있다

+

슬픔의 감정에 빠져 있는 내담자들을 관찰하다 보면, 그들의 내면에 다른 감정들이 작용하고 있는 것을 발견하게 된다. 그럴 때 그들이 어떤 생각을 하고 있는지 파악하면, 감정의 실체를 알 수 있다.

나는 내담자들에게 자신의 감정이 어떤 생각과 연결되어 있는지 묻는다. "그 사람이 나를 그런 식으로 대한 건 정말 잘못된 태도야"라는 생각은 그가 느끼는 감정이 슬품이 아니라 분노라는 것을 말해준다. 누군가를 도덕적으로 비판하고 있다면, 그 역시 분노를 느끼고 있다는 증거다. 자신이 부당한 대우를 받았다는 생각 또한 분노를 느끼고 있다는 것을 암시한다.

▶ 분노의 생각들

'그는 나를 더 배려해주어야 했어.' (도덕적인 비판)

'나는 그것을 더 빨리 발견해야 했어.' (자신을 향한 도덕적인 비판, 즉 내면으로 향하는 분노)

'그것은 부당한 일이었어.'

'나는 기만당하고 있어.'

▶ 슬픔의 생각들

'그때 그 사람과 함께 여행을 갔다면 얼마나 행복했을까. 그런데 그는 나와 함께 여행을 가는 대신 다른 걸 선택했어.'

슬픔은 자신이 갖기를 원했던 것에 대한 '생각'과 연결되어 있다. 갑자기 날아온 청구서 때문에 여행을 포기할 수밖에 없었다면, 그 일을 떠올릴 때마다 위와 같은 생각이 들 것이다. 이런 생각은 당신을 슬프게 한다.

또는 더 날씬하고, 아름답고, 지적이고, 매력적인 사람이 되고 싶다는 생각 때문에 슬픔을 느낄지도 모른다.

▶ 행복의 생각들

'나는 정말 운이 좋은 사람이야.'

'나는 정말 아름다워.'

'오늘은 정말 멋진 날이야.'

'내일은 훨씬 더 좋은 일이 일어날 거야.'

'상황이 더 나빠지지 않아서 다행이야.'

▶ 불안의 생각들

'그 일은 잘 안 될 거야.'

'더 이상 이 상황을 견딜 수 없어.'

'나는 이 일을 해결할 수 없어.'

'제시간에 일을 끝내지 못할 거야.'

'이 일은 위험해.'

당신이 느끼는 감정이 어떤 감정인지 확인할 수 없을 때는 어떤 '생각'을 하고 있는지 검토하라. 원하는 것이 무엇인지 확인하는 것도 감정을 발견하는 방법이다.

몸이 원하는 것에 집중하라

+

감정은 움직임에 대한 충동, 또는 욕망을 내포하고 있다. '감정(emotion)'은 '움직임(motion)'의 전 단계를 뜻한다. 그러므로 자신의 동작에 집중하면 동작 이전에 숨어 있는 감정을 찾아낼 수 있다. 지금 당신 자신이나 다른 사람의 어떤 행동이 당신의 몸을 만족시킬 수 있는지 상상해보라.

무언가 불편하고 안절부절못하는 느낌인데, 그것이 무엇인지 파악하지 못하는 사람들이 있다. 한 내담자는 내게 다리가 저절로 들썩이는 것 같다고 말했다. 다리가 어떤 동작을 하기 원하는지 묻자, 그는 도망치고 싶어 하는 것 같다고 대답했다. 나는 그가 느끼는 감정이 불안감일 거라고 말했다. 다리가 무언가를 걷어차고 싶은 것처럼 느낀다면, 그가 느끼는 감정은 아마 분노일 것이다.

분노는 공격적인 행동을 하고 싶은 충동을 일으킨다. 그러나 공격적인 행동은 도덕적으로 금지된 것이기 때문에 자신이 분노를 느낀다는 것을 인식하지 못할 수도 있다. 아예 분노를 느끼지 못하거나 분노가 자신의 내면에 존재한다는 사실 자체를 부정하는 사람도 있다. 당신을 화나게 하는 사람이 바나나 껍질을 밟고 미끄러지는 모습을 상상해보라. 그런 상황을 상상할 때 당신의 몸이 어떤 반응을 보이는지 감지하라. 얼굴이 환하게 밝아지면서 웃고 있다면, 당신이 느끼는 감정은 아마도 분노일 것이다.

당신이 지금 느끼는 감정을 확인할 수 없을 때는 자신에게 "지금 내 몸이 어떤 동작을 하고 싶어 하는가?"라고 물어보라. 몸이 원하는 동작에 집중하면, 어떤 감정이 작동하고 있는지 파악할 수 있다.

감정을 인정하되 지배되지 마라

+

감정은 당신이 아니다. 감정을 자신과 동일시해서는 안 된다. 감정은 우리가 소유하고 있는 어떤 것으로 정의되어야 한다.

당신이 느끼는 특별한 감정과 당신을 분리하라. 그 감정에 굴복하기를 원하는가, 아니면 그 감정에 저항하기를 원하는가. 선택권은 당신에게 있다.

이 책을 쓰면서 나는 이따금 휴식 시간을 갖고 몇 꼭지를 프린트해서 읽었다. 어떤 때는 내가 쓴 글이 논리적으로 앞뒤가 맞지 않는 형편없는 쓰레기처럼 보였다. 그 순간 나는 감정과 욕망에 저항하는 쪽을 선택했다. 그리고 마음을 다잡고 원고를 다시 검토했다. 그럴 때마다 논리 정연하고 설득력 있는 책을 만들 수 있는 새로운 아이디어가 떠오르곤 했다.

혼란과 좌절의 순간에 도망치지 말고 인내하며 그 안에 머물러라. 예상하지 못했던 전혀 새로운 것을 발견하게 될 것이다.

감정은 당신 자신이 아니라 당신이 소유한 어떤 것이다. 당신은
현재 느끼는 감정에 굴복할 수도 있고, 그 감정과 자신을 분리
하고 다른 것에 집중할 수도 있다. 당신이 느끼는 감정을 정확
하게 규정하면 어떻게 행동해야 할지 방향을 설정할 수 있다.

당신이 느끼는 감정이 어떤 감정인지 확신할 수 없을 때는 그
감정과 연결된 생각들을 검토하라. 몸이 하고 싶어 하는 동작을
인지하는 것도 감정을 파악하는 방법이 될 수 있다.

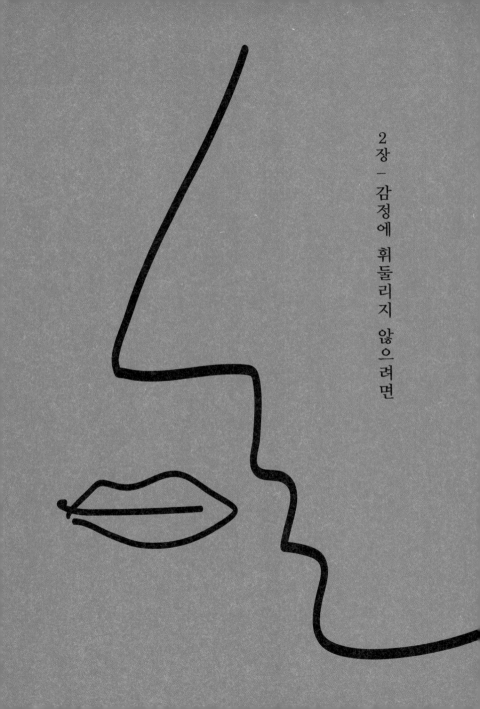

2장
─
감정에 휘둘리지 않으려면

'완벽'이라는 단어와 마찬가지로
행복은 실제로 존재 가능한 개념이 아니다.

생각과 감정은 상호 작용을 통해 긴밀하게 연결되어 있다.

우리는 자신의 감정을 직접 지배할 수 없다. 마음에 들지 않는 크리스마스 선물을 받았을 때, 행복하다고 느끼기로 결정할 수 없다. 행복한 척할 수 있을 뿐이다. 분노나 질투를 느끼지 않고 살아갈 수 있다면 얼마나 편하겠는가. 그러나 그런 감정을 느끼지 않도록 통제하는 것은 우리의 능력을 벗어난 일이다.

생각을 통해 감정에 영향을 미치는 것은 가능하다. 그러므로 우리는 감정에 완전히 지배당하지 않을 수 있다.

당신은 감정을 지배할 수 없지만, 생각을 조정하고, 초점을 맞추기 원하는 대상을 선택할 수 있다.

동일한 사건도 그 사건에 대해 어떻게 생각하느냐에 따라 다양한 감정을 불러일으킨다. 이웃 사람이 당신에게 선물을 주었다고 가정해보자. '대체 내게 선물을 주는 속셈이 뭐지?'라는 생각은 두려움을 느끼게 할 것이다. '자기가 뭔데 나한테 선물을 주는 거야? 서로 교환하자고 한 적도 없는데. 나도 뭔가 보답을 해야 하잖아'라는 생각은 화가 나게 할 것이다. 그러나 '이웃에게 선물을 주는 걸 보니 그 집에 좋은 일이 생긴 게 분명해'라는 생각은 중립적인 감정을 일으킨다. '나를 좋은 사람이라고 생각하고 있을 거야. 그러니까 선물을 줬겠지'라는 생각은 당신을 행복하게 만들 것이다.

생각과 일정한 거리를 유지하라

+

요즘 많은 사람이 긍정적인 사고의 중요성을 강조한다.

긍정적인 사고를 믿는 사람들은 자기 자신과 현실 사이에 여과 장치를 갖고 있어서, 경험하는 모든 것을 긍정적으로 바꾼다. 심지어 자신에게 해를 끼치는 행동도 좋은 의도에서 나온 것으로 해석한다. 그들은 그런 관계가 도움이 되지 않는다는 것을 인식하지 못하기 때문에 관계에서 벗어나지 못하고 그 안에 머문다.

긍정적으로 생각하는 태도가 무조건 좋은 것은 아니다. 세상을 지나치게 순수하게 보는 사람들은 살아가면서 큰 어려움에 부딪힐 수 있다. 어떤 사람은 모든 사람이 자기를 좋아한다는 착각에 사로잡혀 있다. 그런 사람은 자신을 못마땅하게 여기는 사람을 만나면 큰 충격을 받거나 위기에 빠질 수도 있다.

가능한 한 현실적으로 생각하도록 노력하라. 세상을 지나치게 긍정적으로 보는 사람은 안경을 깨끗하게 닦고, 실제 모습 그대로 보는 연습을 해야 한다. 그것이 세상이라는 바다를 순조롭게 항해할 수 있는 방법이다. 지나치게 부정적으로 생각하는 경향이 있는 사람도 마찬가지다. 부정적이고 왜곡된 생각과 자신을 분리하면, 에너지 수준과 즐거운 기분이 상승할 것이다. 현실적으로 생각하는 능력은 매우 중요하다. 지나치게 부정적인 사고뿐 아니라 지나치게 긍정적인 사고 역시 위험하다.

당신은 당신의 생각이 아니라는 것을 기억하라. 생각은 당신이 소유하고 있는 어떤 대상이다. 생각과 적당한 거리를 유지하라. 당신의 생각을 다른 사람의 생각처럼 객관적으로 바라보라. 생각들을 종이 위에 쓰는 것도 거리를 유지하는 좋은 방법이 될 수 있다. 그리고 그 생각들이 현실적인 것인지 판단하라. 분명한 판단이 서지 않을 때는 다른 사람과 그 생각에 대해 대화를 나눠라. 그들은 당신이 아니라는 이유만으로 당신의 생각을 객관적으로 검토할 수 있다.

당신이 가진 자원에 집중하라

+

나와 가끔 페이스북에서 대화를 나누는 청년이 있다. 그는 늘 친구들의 수많은 성공담을 읽고 좌절한다. 다른 친구들의 실패한 경험은 그에게 관심 밖의 이야기다. 그는 다른 사람들의 삶을 있는 그대로 보지 않고 왜곡된 시선으로 바라보는 오류에 빠져 있다.

세상에는 자기 자신과 비교할 대상이 수없이 많다. 그들과 자신을 비교하면, 늘 실패자라는 좌절감에서 벗어나지 못할 것이다. 당신이 아무리 성공적인 삶을 살고 있어도, 세상에는 더 잘나가는 사람이 있게 마련이다. 자학적인 태도로 스스로 우상화한 사람들의 성공 신화와 비교하면서 자신의 삶을 저평가하는 것은 더없이 어리석은 태도다.

당신에게도 그런 성향이 있다면, 지금 눈앞에 당신과 같은 성(性)을 가졌고, 장애가 있으며, 요양원에서 생활하는 사람이 있다고 상상해보자. 그리고 그 사람과 당신을 비교해보라. 당신이 가지고 있는 것들과 할 수 있는 일들에 감사하게 될 것이다.

당신은 자기 자신에게 어떤 질문을 하는가? "내게는 신문에 나오는 성공한 사람들의 재능이 없어. 뭐가 문제일까?"라고 묻는다면, 당신은 결점에 초점을 맞추고 있다.

그러나 "노숙자가 되지 않은 것만 해도 정말 다행스러운 일이야"라고 생각한다면, 자신이 가진 자원에 집중하고 있는 것이다. 만약 "나는 왜 죽을 생각을 하지 않았을까"라고 생각한다면, 당신은 자신에게 즐거움과 희망을 주고 삶에 가치를 부여하는 것들에 감사하게 될 것이다.

———————— ϑ ————————

자기 자신과 미래, 그리고 다른 사람들에 대한 부정적인 생각으로 머릿속이 가득 차 있다면, 당신이 선택해야 할 새로운 길은 생각에 초점을 맞추는 것이어야 한다. 당신 자신과 생각 사이에 거리를 유지하라. 그러면 자신의 생각을 객관적으로 평가할 수 있을 것이다. 현실적이지 않거나 기분을 어둡게 하는 생각은 중단하라. 그리고 '나는 이 문제를 다른 방식으로 생각할 수 있어. 어떤 것에 초점을 맞추는 게 좋을까?'라는 생각으로 전환하라. 현실에 대한 인식이 변하지 않으면, 생각을 긍정적인 것으로 바꿀 수 없다. 그러나 비현실적인 긍정적 생각보다는 현실적인 부정적 생각이 낫다. 예를 들어 '가든파티를 열기로 한 날, 절대

비가 오지 않을 거야. 그러니까 대비할 필요가 없어'라는 생각을 '그날 비가 올지도 몰라'로 바꾸는 것이다. 바뀐 생각은 당신으로 하여금 만약을 대비한 대안을 마련하게 한다.

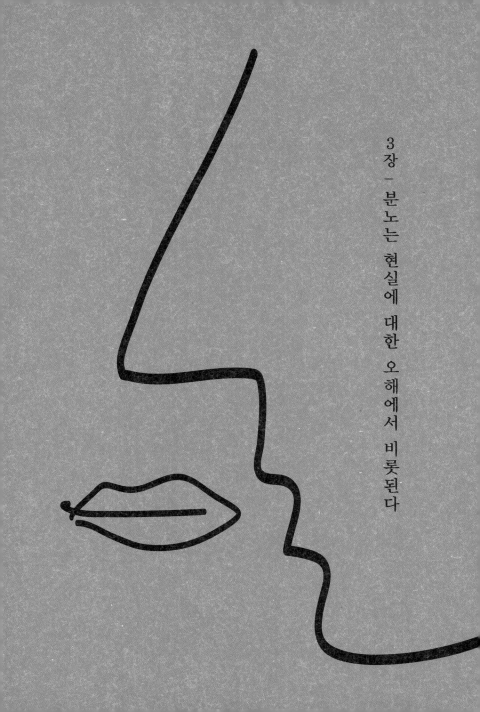

3장 ─ 분노는 현실에 대한 오해에서 비롯된다

싸움을 포기할 때 분노는 슬픔으로 바뀐다.

갈등을 피하기 위해 지불해야 할 대가가 너무 커서 갈등을 피할 수 없는 경우도 있다. 한계를 정하지 않고 그런 갈등에 맞서면 개인적인 영역이 침해를 받게 된다. 그러나 태도의 변화만으로도 충분히 문제를 해결할 수 있기 때문에 공개적인 대립이나 갈등이 불필요한 경우도 있다.

나는 화가 날 때 먼저 분노와 연결된 생각들을 점검한다. 분노는 흔히 현실에 대한 오해에서 비롯된다. 그런 경우 자신의 오해와 실수를 인정하면, 분노의 감정은 저절로 사라진다.

어느 금요일 오후, 나는 중요한 이메일을 기다리고 있

었다. 그런데 갑자기 인터넷이 되지 않아 이메일을 받을 수 없는 상황이 벌어졌다. 시간이 흐르자 초조해지기 시작했다. 나는 머릿속으로 인터넷 지원 팀이 한 주의 업무를 끝내고 주말의 시작을 축하하는 장면을 상상했다. 내가 그들의 답변을 기다리면서 마음을 졸이고 있을 때, 그들은 파티를 즐기며 흥겨운 시간을 보내고 있었다. 그런 상상을 하자 화가 나서 견딜 수가 없었다.

그때 문득 내 생각이 잘못된 방향으로 흘러가고 있다는 것을 깨달았다. 나는 마음속에 그리고 있던 장면을 지워버렸다. 그리고 컴퓨터가 문제를 일으킬 때마다 힘들어하던 십 대의 아들을 생각했다. 그러자 인터넷을 고치려고 땀을 뻘뻘 흘리고 있는 두 청년의 모습이 그려졌다. 그 순간 분노는 내가 통제할 수 있는 수준으로 감소했다. 나는 한 시간 후 인터넷이 다시 작동할 때까지 다른 일에 집중하며 기다릴 수 있었다.

세 상 은 나 를 중 심 으 로 돌 아 가 지 않 는 다

+

우리는 흔히 어떤 일을 자기중심적으로 생각하는 실수를 저지른다. 다른 사람들의 행동을 자신을 반대하거나 괴롭히기 위한 것으로 해석하는 경향이 있다. 그러나 그것은 유치하고 이기적인 태도에서 비롯된 생각이다. 우리는 자신이 우주의 중심이라고 생각하고, 다른 사람들의 행동이 그들의 내면에서 비롯된 것임을 망각한다. 그러나 그들에게 우주의 중심은 내가 아니라 그들 자신이다.

아들이 약속 시간에 나타나지 않으면, 나는 무의식적으로 '그 애가 늦게 오는 건 나를 존중하지 않고, 내 시간을 중요하게 여기지 않기 때문이야'라고 생각하게 된다. 그러나 사실 아들은 프로젝트에 몰두하느라 나와의 약속을 잊어버린 것이다. 일에 몰입하는 아들의 성향은 나에게 물려받은 것이다. 그런 관점으로 생각하면 화가 나기는커녕 오히려 기분이 좋아진다.

이처럼 분노와 연결된 생각이 사실에 입각한 것인지 확신할 수 없을 때는 내가 화를 내고 있는 상대방에게 직접 물어본다. 물론 모든 경우에 그렇게 할 수 있는 건 아니지만, 상대방에게 내 생각을 이야기하고 그 생각이 옳은지 확인할 때까지 분노의 감정을 표현하지 않는다.

언젠가 한 내담자의 집을 방문했을 때다. 마구 어질러져 있는 그의 집을 보고 화가 나서 이렇게 말했다. "당신을 만나러 올 때마다 집이 너무 어수선해서 어디에 앉아야 할지 모르겠어요. 내가 정돈된 상태를 중요하게 생각한다는 건 잘 알죠? 당신은 내가 중요하게 생각하는 것에 관심이 없는 것 같군요." 그는 이렇게 대답했다. "선생님이 깨끗하고 정돈된 상태를 좋아한다는 건 알아요. 하지만 제가 선생님에게 주의를 기울이고 집중하는 것도 그에 못지않게 중요하다고 생각해요. 그래서 퇴근하고 집에 돌아왔을 때 복잡한 생각이 상담을 방해하지 않도록 조깅을 하면서 마음을 비우는 게 좋다고 판단했어요. 조깅을 하고 나면 긴장이 풀리고, 머리가 맑아져서 선생님과 대화할 준비가 충분히 되는 것 같아요." 그 대답을 듣자마자 나의 분노는 즉시 사라졌고, 갈등과 그로 인한 위기 상황을 피할 수 있다는 사실에 안도했다.

비현실적인 기대를 버려라

+

한번은 보험 회사 때문에 매우 화가 난 적이 있었다. 나는 어떤 방식으로 보험 회사에 항의할지 궁리하면서 초조하게 거실을 서성거렸다. 나를 정말 화나게 하는 한 가지 생각은 '몇 년 동안 꼬박꼬박 보험료를 납부했어. 그런데 정작 내가 필요할 때 배상해주는 돈은 터무니없이 적어'라는 것이었다. 그러자 '나는 사기를 당한 거야'라는 생각이 뒤를 이었다.

때때로 당신의 생각은 다람쥐가 쳇바퀴를 돌듯 여러 가지 감정을 불러일으킨다. 생각은 마치 그것을 실제인 것처럼 인식하는 경향이 있다. 생각이 내면에 불러일으킨 감정에 지배당하면, 결국 분노와 갈등에 많은 에너지를 낭비하게 된다.

생각에서 비롯된 감정을 행동으로 옮기기 전에 그 생각을 철저하게 검토하는 것이 중요하다. 그러나 우리는 자기 자신을 생각과 분리하는 것을 좋아하지 않는다. 자연스럽게 일어나는 생각과 감정에 순응하고 동조하는 것이 훨씬 더 쉽고 편하기 때문이다. 생각과 감정으로부터 자신을 분리하려면 감정을 견제하고, 한 걸음 뒤로 물러서서 외부의 시선으로 자신의 행동과 상황을 관찰해야 한다.

다행스럽게도 나는 보험 회사에 불만을 토로하기 전에 내 생각을 검토할 수 있었다. 보험 회사가 운영되는 방식과 지금 그들과 겪는 갈등에 대해 생각했다. 그러자 나의 분노가 실제 상황에 대한 부족한 이해와 잘못된 기대에서 나온 것임을 깨달았다.

보험 회사는 예금한 돈을 이자와 함께 인출할 수 있는 은행과 다른 방식으로 운영된다는 사실에 생각이 미쳤다. 보험 회사는 운영비와 보험사정인(보험 가입자에게 사고로 인하여 손해가 발생했을 때 그 손해액을 결정하고, 보험금을 산정하는 업무를 수행하는 사람)의 급여 등에 많은 비용을 지출하기 때문에 보험 회사에 내는 돈을 이윤을 기대하는 투자로 생각해서는 안 된다. 보험은 미래의 안전을 위한 것이다. 그런 관점으로 생각을 바꾸자 분노는 통제할 수 있는 수준으로 줄어들었고, 다시 내 일에 집중할 수 있었다.

행복은 영원하지 않다

+

당신이 화를 내는 데 많은 에너지를 소비한다면, 그것은 현실에 대한 인식을 조정할 필요가 있음을 의미한다. 자신을 특별한 대우를 받을 만한 자격이 있는 사람이라고 생각한다면, 당신은 살아가면서 많은 실망감을 느낄 것이다. 또 행복할 권리를 요구할 자격이 있는 사람이라고 생각한다면, 많은 좌절을 겪으며 살아갈 수밖에 없다.

만화가이자 극작가인 니콜라인 베르델린(Nikoline Werdelin)은 한 인터뷰에서 이렇게 말했다.

"행복이 한 번에 오랫동안 지속되리라는 생각은 우리가 성장하면서 갖게 된 가장 파괴적인 개념 중 하나다. '완벽'이라는 단어와 마찬가지로 행복은 실제로 존재 가능한 개념이 아니다. 그것은 짧은 순간에만 나타난다.

우리가 태어나는 순간, 누군가 이렇게 말했어야 한다. '이곳에 오신 걸 환영합니다. 나는 당신이 도착한 이곳이 때로는 당신을 매우 두렵게 할 것이고, 당신은 스스로 겁쟁이라고 생각할 것이고, 자신이 누군가를 또는 무언가를 배신했다고 느낄 것이고, 매우 운이 좋은 사람이라면 가끔은 행복할 것이고, 누군가에게 약간의 친밀감을 느낄 것이고, 읽는 법을 배우면 완전히 혼자가 아니라는 것을 깨닫게 될 것입니다.'

그러나 우리는 행복에 대한 다른 개념을 가지고 성장한다. 그러다 어느 시점에 행복이 오래 지속되지 않는다는 걸 깨닫고 큰 실망과 좌절에 빠진다. 당신은 곧 하루하루의 삶이 불안과 분노와 오해로 가득 차 있다는 사실을 충격 속에서 발견하게 될 것이다."

이 글을 인용한 이유는 행복한 인간에 대해 요즘 세상이 강조하는 것과 흥미로운 대조를 이루기 때문이다. 우리는 행복한 가정에 대한 비현실적인 광고의 포격에 노출되어 있다. 때문에 현실이 행복한 사람에 대한 이상에 부합하지 못할 때, 쉽게 자기 자신이나 배우자를 비난한다. 부부들이 겪는 많은 문제는 한쪽 또는 양쪽이 자신이 기대했던 것만큼 행복하지 않은 책임을 상대방에게 전가하기 때문에 일어난다.

강렬한 감정은 시야를 좁힌다

+

감정이 최고로 강렬한 상태에서는 어떤 행동도 하지 않는 것이 좋다. 강렬한 감정은 시야를 좁아지게 만들어 처음 그 감정을 일으켰던 것 이외에는 아무 것도 보지 못하게 한다. 삶에 대한 넓은 시각이 사라지고, 갑자기 단기적인 목표가 장기적인 목표보다 훨씬 더 중요하게 보이기 시작한다.

예상하지 못했던 청구서가 날아와서 화가 치밀어 오르면, 그 순간 마음을 가라앉히기 위해 금연하기로 한 결심을 무시하고 담배 한 개비를 집어 든다. 연로한 어머니에게 걱정을 끼치지 않겠다는 다짐을 잊어버리고 전화를 해서 그녀를 힘들게 할 수도 있다. 결국 당신에게 남는 것은 결심을 무너뜨렸다는 좌절감과 죄책감이다.

화가 나서 순간적으로 이성을 잃고 상황을 악화시킬 가능성이 높을 때는 어떤 행동도 하지 않는 것이 좋다. 우리는 감정이 강렬한 상태일 때 성급하게 행동하지 않고, 감정을 견제하는 방법을 훈련해야 한다.

스스로 통제할 수 없을 만큼 강렬한 감정을 느낄 때는 상황을 정확하게 파악하기 전에 감정을 행동으로 옮기기 쉽다. 그럴 때 자신의 반응을 지연시킬 수 있는 다양한 방법이 필요하다.

다음은 충동적인 행동을 지연시키는 방법들이다.

- 따뜻한 물로 목욕 또는 족욕을 한다.
- 1에서 10까지 숫자를 센다.
- 달리기를 한다.
- 친구에게 전화를 건다.
- 기도를 한다.
- 좋아하는 음악을 틀고 노래를 부르거나 춤을 춘다.
- 자신을 안아주고 다정하게 말을 한다. "지금 이건 나에게 매우 힘든 상황이야. 하지만 전에도 비슷한 일을 겪어봤어. 이건 생명을 위협하는 일은 아니야. 내년 여름에 해변을 걸을 때쯤이면 생각도 나지 않을 거야."
- 더하기 빼기 목록을 만든다. 한 장의 종이를 두 부분으로 나누고, 한쪽에는 당신이 의도한 행동의 장점을 적고 다

른 한쪽에는 단점을 적는다. 그 종이를 뒤집어놓고 한참 동안 다른 일을 한다. 그런 다음 다시 종이에 쓴 내용을 읽는다.

• 주의를 다른 곳으로 돌릴 수 있는 일을 한다. 영화 감상도 한 가지 방법이다.

새로운 방법들을 생각하고, 그것이 적힌 목록을 눈에 쉽게 띄는 장소에 놓아둔다. 감정이 미쳐 날뛰기 시작하면 아무 생각도 나지 않을 것이다. 그때 이 목록은 난폭해진 감정을 잠재우는 처방전이 될 것이다.

격렬한 감정의 폭풍이 수그러들면 차분하게 자신의 감정을 분석해볼 수 있다. 그 감정들은 당신에게 무엇을 말하려고 했던 것일까? 그 상황이나 당신의 가치관에 대해 무슨 이야기를 하고 있는가? 당신의 삶 속에서 바뀌어야 할 것들은 무엇인가?

당신 자신과 생각 사이의 거리를 유지하고, 분노를 일으키는 생각들을 면밀하게 검토하라. 그러면 자신의 감정에 대한 책임감이 더 높아질 것이다. "지금 내가 화난 건 당신 때문이야"라는 말로 다른 사람에게 책임을 전가하지 말고, "내가 화난 건 이렇게 생각했기 때문이야"라고 말해야 한다.

분노를 타인에게 돌리고 정면으로 부딪치는 습관이 있다면, 먼저 자신의 생각을 철저하게 검토하고 갈등을 줄여라. 그리고 그 에너지를 더 건설적인 곳에 집중하라.

부정적인 사고의 패턴을 사전에 단절하고 불필요한 갈등과 논쟁을 피하는 방법을 터득했다면, 다음 장에서는 사고의 패턴이나 태도의 변화, 초점의 이동으로도 통제할 수 없는 분노에 대해 생각해보자.

이성을 잃을 정도로 강렬한 감정에 휩싸일 때는 감정을 행동으로 옮기지 않는 것이 좋다. 감정을 견제하는 기술을 사용하는 것도 좋은 방법이다. 당신은 이미 자신에게 효과적인 전략을 가지고 있을 것이다. 그런 전략이 없다면 내가 제시한 목록에서 좋은 방법을 선택해서 연습하라. 감정을 견제하는 능력이 향상될수록, 충동적인 행동에 대한 죄책감과 행동의 결과를 수습하

기 위해 낭비되는 시간과 에너지가 줄어들 것이다. 그렇게 절약
한 시간과 에너지로 다른 장기적인 목표에 집중할 수 있다.

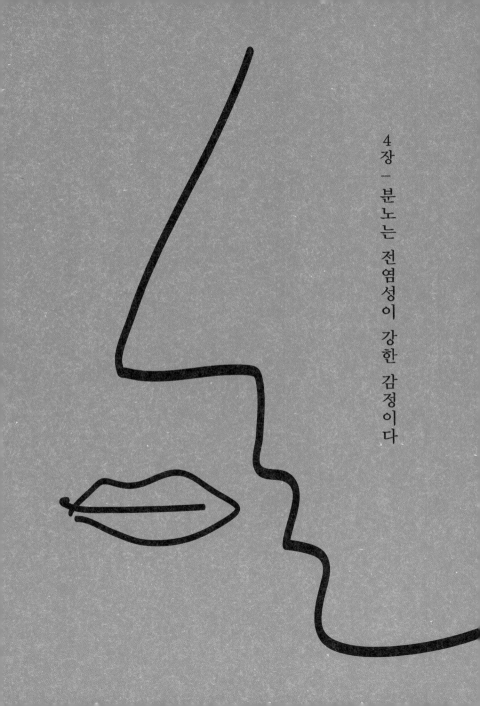

4장 ─ 분노는 전염성이 강한 감정이다

분노의 감정은 흔히 상처받기 쉬운 연약한 감정을 감추고 있다.

가끔 분노를 표출하는 것이 감정을 다루는 건강한 방법이라는 자기계발서의 조언이 옳은지 묻는 내담자들이 있다. 하지만 나는 표출이 분노의 감정을 강화하고, 더 큰 갈등을 키우는 원인이 될 수 있다고 대답한다.

분노는 전염성이 강한 감정이다. 당신이 누군가에게 분노를 표현하면 대부분의 경우 상대방도 분노를 느낀다. 물론 그런 방법이 효과를 보이는 경우도 있다. 건전한 논쟁은 분노를 가라앉히고, 분위기를 전환하고, 문제를 해결한다. 그러나 분노를 표현하는 것이 상황을 악화시키는 경우가 훨씬 더 많다.

최근까지 베개를 마구 두드리는 등의 다소 과격한 행동이 분노의 감정을 승화시켜준다는 게 일반적인 믿음이었다. 그러나 사실 공격적인 행동으로 분노를 표출하는 것은 분노를 오래 지속시키고 강화하는 역효과를 낼 수 있다. 그런 방법보다는 누군가에게 그 일에 대해 털어놓거나, 긴장을 풀어주는 운동을 하는 것이 더 효과적이다.

상처받기 쉬운 연약한 감정들

+

분노의 감정은 흔히 상처받기 쉬운 연약한 감정을 감추고 있다. 분노의 이면에 숨겨진 감정과 마주할 때, 변화와 치유를 경험할 수 있는 더 큰 감정을 수용할 에너지를 얻게 된다.

일반적으로 분노가 기본적인 감정일 때는 분노를 표현하는 것이 좋다. 그러나 내 경험에 비추어 볼 때 분노는 대부분 이차적인 감정이다. 그런 경우 분노는 비교적 얇은 감정의 층을 형성하고, 그 밑에는 더 깊고 본질적인 감정이 자리 잡고 있다.

　분노를 일으키는 원인은 다양하다. 분노를 유발하는 요인을 파악하면 자신이 필요로 하는 게 무엇인지 깨닫고, 분노를 처리할 적절한 방법을 찾을 수 있다.

　분노의 원인은 대체로 네 가지로 분류할 수 있다. 첫째, 다른 사람들이 당신의 허영심에 상처를 주는 말이나 행동을 할 때다. 내 경험으로 볼 때 이것이 분노를 일으키는 가장 흔한 원인이다. 이때 당신의 자아 이미지는 타격을 입는다. 둘째, 다른 사람들이 그 순간 당신이 원하지 않거나 받고 싶지 않은 친밀감과 동정심을 표현할 때다. 분노와 짜증은 당신에게 표현된 친밀감에 대한 방어 기제로서, 거의 자동적으로 발생하는 자기 보호의 한 형태다. 셋째는 다른 사람들이 당신의 가치관이나 삶의 원칙과 대립되는 행동을 할 때, 넷째는 당신이 바라거나 소망하는 것과 반대되는 일이 발생할 때다.

분노의 네 가지 원인

+

자아가 상처를 입었을 때

자신의 허영심이 상처를 입었을 때 일어나는 분노를 '자기애적 분노(narcissistic anger)'라고 한다. 자아 이미지가 타격을 입으면, 상대방이 한 말이나 행동에 대한 분노를 표현하거나 반격하고 싶은 충동을 느낄 것이다. 어린아이들이 야단을 맞으면 "내가 잘못한 거면 엄마도 똑같이 잘못한 거야"라고 억지를 부리는 것처럼. 또 상대방이 갖고 있는 당신에 대한 인상을 바꾸기 위해 자신의 말이나 행동을 설명하려고 할 것이다. 그러나 그것은 결코 효과적인 방법이 아니다. 분노를 표현하거나 상대방을 공격하는 방법으로 그들이 갖고 있는 인상이나 생각을 바꿀 수는 없다. 설명하려는 태도 역시 마찬가지다. 상대방은 오히려 자신의 직감과 견해를 끝까지 밀고 나가려는 저항감을 느낄 것이다.

한스는 그의 아내 잉가에게 "당신은 좀 게으른 것 같

아"라고 말했다. 그 말을 들은 잉가는 화가 나서 실제로 자신이 얼마나 많은 일을 하고 있는지 설명함으로써 남편의 말에 반박하고 싶은 욕망을 느꼈다. 그러나 그것은 그녀가 원하는 결과를 가져오지 못한다. 잉가가 느끼는 분노는 이차적인 감정이고, 분노의 감정 이면에는 본질적으로 상처받기 쉬운 두 가지 연약한 감정이 자리 잡고 있기 때문이다.

한 가지 감정은 남들이 그녀를 자신이 원하는 방식으로 보지 않기 때문에 느끼는 슬픔이다. 그럴 때는 "당신이 나를 게으르다고 생각하다니 정말 실망이야" 또는 "나는 내가 그렇게 게으르다고 생각하지 않아"라고 말하는 게 더 적절하다. 그러면 한스는 "그럼 당신은 자신이 어떻다고 생각해?"라고 물을 것이다. 한스가 잉가의 말을 들으려는 의지를 보였기 때문에 그녀는 자신의 생각을 설명할 기회를 얻은 셈이다.

자기애적 분노의 이면에 숨겨진 또 다른 감정은 두려움이나 불안감이다. 잉가는 한스가 자기를 게으른 여자라고 생각하면, 계속 자기와 함께 살고 싶어 하지 않을 거라는 두려움을 느낄지도 모른다. 그녀가 느끼는 두려움이 실제적인 근거가 있는지 아닌지는 중요하지 않다. 잉가는 "내가 게으르다고 생각하는 건 당신이 나를 예전보다 덜 사랑한다는 뜻이야?"라고 묻는 것으로 그녀가 느끼는 두려움의 정체를 확인할 수 있다. 아마도 한스는 이렇게 대답할 것이다. "아니, 그런 건 아니야. 내가 직장에서 일하는 동안 당신의 삶을 즐겼으면 좋겠어. 그래야 내가 집에 돌아왔을 때 여유롭고 행복한 당신의 모습을 볼 수 있을 테니까." 한스의 말은 잉가의 분노와 두려움을 사라지게 할 것이다. 남들보다 민감한 사람들은 특히 상대방의 생각을 확인할 필요가 있다. 이런 경우 논쟁은 시간을 낭비하는 무익한 방법이다.

반대 상황이라면 어떨까? 당신이 어떤 말이나 행동을 했을 때 상대방이 자기애적인 분노를 느꼈다면 어떻게 반응해야 할까? 그럴 때 당신은 상대방의 분노에 초점을 맞추기보다는 분노의 이면에 숨겨진 슬픔이나 두려움에 주목해야 한다. 당신이 상대방을 긍정적으로 생각한다는 것을 보여주어야 한다. 당신이 한 말을 통해 그가 자기 자신을 새로운 시각으로 인식할 수 있다는 것을 깨달으면, 분노는 가라앉을 것이다.

내가 누군가에게 그가 매우 민감하고 쉽게 상처받는 성격을 갖고 있다고 말했다고 하자. 그는 그 말에 화를 낼지도 모른다. 화를 내는 이유는 여러 가지로 분석할 수 있다. 그는 내가 한 말을 자기 자신에 대한 그릇된 평가로 생각할 수 있다. 또는 자신이 그런 성격의 소유자로 인식되는 것을 원하지 않을지도 모른다. 아니면 민감한 성격을 연약함과 동일시하고, 다른 사람들에게 소외당하지 않으려면 자신의 감정을 드러내지 않아야 한다는 신념을 가지고 있을지도 모른다.

그럴 때 나는 그 문제에 대한 논쟁을 시작하기보다는 내가 틀렸을지도 모른다는 가능성을 열어두는 방법으로 대응한다. 나는 그에게 용기 있게 자신의 감정을 표현하는 것을 장점으로 여기며, 그를 강하고 유쾌한 사람으로 생각한다고 말한다. 그런 방법은 상대의 두려움을 잠재우고 상처를 감싸줄 수 있다. 마음속으로는 그가 상처받기 쉽고 연약한 사람이라고 생각하지만, 그런 생각을 직접적으로 표현하지 않는다. 언젠가 그도 자신의 연약한 감정을 수용하고 극복하게 될 거라고 믿기 때문이다.

나는 그가 화를 낸 것에 대해 불쾌한 반응을 보일 수도 있었을 것이다. 그에게 받은 인상을 솔직하게 표현한 것뿐이라고 반박할 수도 있었다. 그러나 그것은 그의 분노 안에 숨겨진 슬픔과 두려움을 부추기고, 분노에 기름을 붓는 결과를 가져왔을 것이다.

그렇다면 불편한 심경을 절대로 표현하면 안 되는 것일까? 그렇지 않다. 그 상황이 진정되고 난 후 적당한 시기에 문제에 대한 자신의 생각을 언급할 수 있다. 아니면 일기장에 솔직한 마음을 적을 수도 있다. 나이가 들면서 감정을 즉각적으로 표현하지 않고, 여유 있게 수용하는 방법을 터득한다는 건 참으로 다행스러운 일이다.

충동적인 반응을 자제하고 평화롭게 해결할 수 있는 상황에서 상대방의 분노를 자극하고 불필요한 갈등을 키우는 것은 결코 지혜로운 태도가 아니다. 그렇다고 해서 감정을 담아두고 표현하지 않는 것이 최선의 방법이라는 뜻은 아니다. 그런 태도는 또 다른 문제를 유발할 수 있다. 항상 선택의 가능성을 열어두고 상황에 맞게 대응하는 것이 현명하다.

누군가 당신의 인격에 손상을 입히는 말을 할 때와 당신의 행동을 지적하고 자존심에 상처를 주는 말을 할 때는 다른 방식으로 대응해야 한다. 상대가 비난하는 것이 행동이라면 당신은 자신의 행동을 바꿀 수 있는 선택권을 가지고 있다.

동료가 당신에게 업무를 효율적으로 처리하지 못한다고 지적할 때 어떻게 반응해야 할까? 자신이 그 동료보다 유능하지 않다는 사실을 인정하고, 더 유능한 사람이 되기 위해 노력할 수 있을 것이다. 그런 경우 당신은 자신의 행동을 바꿀 수 있는 주체가 된다. 그의 비판은 당신을 성장하고 발전하게 하는 동기를 부여한다.

자기 방어를 위해

론은 회사에서 승진 탈락 소식을 듣고 집으로 돌아왔다. 그녀는 깊은 실망감과 좌절감을 억누르고 여느 때처럼 부엌에서 분주하게 저녁 식사를 준비하고 있었다. 그때 퇴근하고 돌아온 남편 퍼가 부엌에 들어와 뒤에서 그녀를 껴안았다. 그러자 론은 버럭 화를 내며 퍼를 뿌리치고, 그가 사온 식료품을 트집 잡으며 나무랐다.

론의 분노는 자신의 감정을 은폐하거나 방어하기 위한 이차적인 감정이다. 이때 론은 분노의 감정을 회피할 수도 있고, 그 감정을 직접적으로 표현할 수도 있다. 론은 퍼에게 "나는 지금 내 감정을 느끼고 싶지 않아. 내 감정과 나를 분리하고 싶어. 잠시 당신과 떨어져 있었으면 좋겠어. 이 일은 당신과 상관없는 일이야. 내가 그 일에 대해 말할 준비가 되면 얘기해줄게"라고 말했다.

당신은 가끔 스스로 통제할 수 없을 정도로 강렬한 분노를 느낄 것이다. 그러나 당신의 내면 깊은 곳에서는 폭발적인 분노를 표현해서 상대방과 멀어지는 것을 원하지 않는다. 오히려 그와 더 친밀한 관계를 맺고 싶을지도 모른다. 당신이 분노를 억제하지 못해서 사람들과 거리감이 생기는 것을 원하지 않는다면, 전문가의 도움을 받는 것도 좋은 방법이다.

가치관이나 삶의 원칙이 손상됐을 때

다른 사람들의 행동 때문에 화가 나는 것은, 그 행동이 당신의 삶의 원칙에 어긋나는 것이기 때문일지도 모른다. 그것은 아마도 당신 자신에게 금지하는 행동일 것이다.

다른 사람들의 관심과 반응에 전혀 신경 쓰지 않고 끊임없이 자기 이야기를 늘어놓는 사람을 보면, 나도 모르게 화가 난다. 이럴 때 내가 사용할 수 있는 방법은 두 가지다. 하나는 상대방이 스스로 행동을 바꾸게 하는 것이고, 다른 하나는 내 행동을 바꾸는 것 즉, 상대방이 내 말에 흥미를 갖든 말든 신경 쓰지 않고 하고 싶은 말을 자유롭게 하는 것이다.

당신이 삶의 기준을 높게 설정하고 지키기 위해 노력하는 유형이라면, 그렇지 않은 사람들을 볼 때 화가 나는 게 당연하다. 이때 당신은 삶의 원칙을 검토하고, 그중에 조정하거나 수정할 것이 있는지 살펴볼 수 있다.

그러나 가치관에 관한 문제라면 좀 더 엄격하게 검토할 필요가 있다. 예를 들어, 누군가 자연과 야생 동물 보호에 관심을 갖고 있다면, 자연 속에 유해 물질을 버리는 사람에게 분노를 느낄 것이다. 이런 경우 그에게 살충제와 같은 유해 물질에 관대해지라고 말하는 것은 분노를 해결하는 좋은 방법이 아니다. 오히려 같은 가치관과 신념을 가진 단체에 가입해 적극적으로 활동함으로써 스스로 가치를 실현하고, 행복감을 느끼도록 격려해야 한다.

바라는 것이 충족되지 못했을 때

누군가 당신의 자존심에 상처를 주거나, 영역을 침범하거나, 당신의 가치관이나 삶의 원칙에 위배되는 행동을 할 때 분노를 느낄 것이다. 또 어떤 일이 당신이 원하고 바라는 것과 일치되지 않을 때도 분노를 느낄 것이다.

당신이 목표에 도달하는 것을 지연시키거나 방해하는 일이 일어날 때(일을 망칠 때), 당신이 바라던 것을 얻지 못할 때(이럴 때는 실망감이 분노의 많은 부분을 차지한다), 당신의 영역을 침범하거나 당신의 물건을 마음대로 옮길 때, 누군가 당신의 파트너와 너무 밀착해서 춤을 출 때 화가 날 것이다.

이런 유형의 분노는 동물들에게서 흔히 발견되는 '영역 분노'에 속한다.

이런 상황에서 일어나는 분노는 자신의 영역을 표시하고 방해물을 제거하기 위한 이차적인 감정이다. 당신의 차고 앞에 주차한 이웃 사람의 차를 발견했을 때, 화가 나서 그 감정을 행동으로 표현할 것이다. 당신은 이웃의 무분별한 행동을 비난할 수 있다. 분노를 표현하면 온몸이 안도의 한숨을 내쉬는 것처럼 후련한 기분을 느낄 수 있다. 그러나 그런 기분은 오래 지속되지 않는다. 누군가에게 분노를 표출하면 그 분노는 반드시 되돌아온다. 당신의 이웃은 십중팔구 그런 식으로 항변을 당하는 것이 얼마나 불쾌한 일인지 반박할 것이다.

나는 내담자들이나 청중들에게 분노를 바람(wishes)의 형태로 표현할 것을 권유한다. 분노는 그 순간 당신이 바라는 것이 충족되지 못했다는 것을 의미한다. 원하는 것이 무엇인지 인식하고, 그것을 분노의 형태가 아닌 바람의 형태로 표현하라. 예를 들어 "차를 우리 집 차고 왼쪽 1미터 정도 떨어진 곳에 주차해주면 감사하겠습니다. 그러면 제가 차를 빼기가 더 쉬울 것 같아요"라고 말한다면, 이웃은 당신의 말을 기꺼이 따를 것이다.

당신의 허락을 구하지 않고 노트북을 빌려간 동료에게 "다음에 내 노트북을 빌려갈 때는 내게 먼저 알려주세요. 그러면 데이터가 삭제되지 않도록 미리 저장할 수 있으니까요"라고 말한다면, 그는 틀림없이 당신의 요구를 들어줄 것이다.

자신이 바라는 것과 일치하지 않는 일이 일어날 때 바라는 것을 표현해서 상황을 바꾸려고 시도하는 대신, 욕망을 포기하는 쪽을 선택할 수도 있다. 싸움을 포기할 때 분노는 슬픔으로 바뀐다. 분노와 달리 슬픔은 생명력과 운동력을 가지고 있다. 슬픔은 정적인 감정이 아니다. 슬픔은 시간과 더불어 줄어들고, 일정한 시간이 흐르면 대부분 사라진다. 그럴 때 당신은 또 다른 가능성과 소망을 발견하게 된다.

동료가 노트북을 빌려가기 전에 알려달라는 부탁을 들어주지 않는다면, 당신의 요구가 거절당한 불쾌한 감정을 느낄 것이다. 그럴 때 동료에게 선전 포고를 하거나, 아니면 싸움을 포기하고 새로운 상황에 준비하는 것 중 한 가지를 선택할 수 있다. 바라던 것을 얻지 못해서 처음에는 실망하고 화가 나겠지만, 시간이 지나면 퇴근하기 전에 모든 작업을 저장하는 습관에 익숙해질 것이다.

분노가 이차적인 감정일 때는 분노 안에 숨겨진 상처받기 쉬운 연약한 감정을 표현하는 것이 좋다. 하지만 분노가 일차적인 감정일 때는 바람의 형태로 표현하는 게 더 효과적이다. 아니면 아예 바람을 포기하는 것도 한 가지 방법이 될 수 있다.

분노에 지배되지 않는 방법

+

습관적으로 약속을 취소한다면

▶동시에 여러 범주에 속할 때

친구가 약속 시간 직전에 약속을 취소했다고 가정해보자. 이런 경우는 일차적으로 네 번째 '바라는 것이 충족되지 못

습관적으로 약속을 취소할 때

- · 슬픔을 표현한다.
- · 결과를 검토한다.
- · 비난받은 행동을 바꾼다.

- · 평안을 유지하고 싶은 바람을 표현한다.
- · 상담 치료사와 대화를 나눈다.

1
자아가
상처를
입었을 때

2
자기
방어를
위해

3
가치관이나
삶의 원칙이
손상될 때

4
바라는 것과
불일치할 때

- · 삶의 원칙을 바꾼다.
- · 자신의 가치관과 원칙에 대한 대화를 시작한다.
- · 상대방이 행동을 바꾸게 한다.
- · 내 가치관을 위해 싸운다.

- · 바람을 표현한다.
- · 원하는 것을 포기한다.

한' 범주에 속한다. 당신은 너무 피곤해서 그 친구를 만나기 힘든 상황이었기 때문에 오히려 잘 됐다고 생각할 수도 있다. 그러나 한편으로는 약속을 취소한 친구에게 불쾌한 감정을 느낄 것이다.

당신이 약속은 절대 취소하면 안 된다는 삶의 원칙을 지키는 유형이라면, 당연히 친구의 행동이 잘못됐다고 생각할 것이다(범주 3). 약속을 어긴 친구가 진심으로 사과하지 않으면, 그가 당신을 존중하지 않는다고 생각할 것이고, 자존감은 상처를 입을 것이다.

어떤 문제가 다양한 범주에 속할 때는 박스에 있는 방법 중 여러 개를 골라 상황에 맞게 대처하면 된다.

▶ 자아가 상처를 입었을 때

친구가 습관적으로 약속을 취소하는지, 아니면 당신을 존중하지 않기 때문에 약속을 취소한 것인지 물어보자. 당신이 인정받지 못했다고 느끼는 이유가 타당한지 검토할 수 있을 것이다. 친구가 당신의 우정을 우선순위에 두지 않기 때문에 약속을 취소한 거라면 "내가 너에게 중요한 존재가 아니란 걸 이제 알았어. 정말 유감이야" 또는 "나는 너에게 더 중요한 사람이 되기를 원했어"라는 말로 슬픔을 표현할 수 있다.

▶ 가치관이나 삶의 원칙이 손상됐을 때

삶의 원칙을 더 느슨한 수준으로 조정할 수 있는지 고려해 보자. "너는 절대 약속을 취소하면 안 돼"라는 말은 "정말 중요한 이유가 있을 때만 약속을 취소할 수 있어"로 바꿀 수 있다.

그러나 당신은 원칙을 조정하지 않고 고수하기를 원할 수도 있다. 그럴 때는 친구에게 당신의 가치관과 삶의 원칙을 알려주어야 한다. 그러고 나서 상대의 가치관과 삶의 원칙에 대해서도 물어보자. 두 사람은 서로의 가치관이 다르다는 것을 확인하고, 이후 갈등이 일어날 때 서로의 반응을 이해하고 적절하게 대응할 수 있을 것이다. "나는 서로에게 한 약속은 가급적 지켜야 한다고 생각해. 다음에 약속을 변경해야 하는 일이 생기면 가능한 한 빨리 알려줬으면 좋겠어"라고 직접적으로 제안함으로써, 상대의 행동을 수정하려는 시도를 할 수 있다.

▶ 바라는 것이 충족되지 못했을 때

"약속을 취소하기 전에 한 번 더 생각해볼 수는 없었니? 나는 너를 무척 만나고 싶었고, 함께 좋은 시간을 보낼 수 있을 거라고 기대했어"라는 말로 당신이 바라는 상황을 표현할 수 있다. 상대방이 이미 취소한 약속을 되돌릴 수 없다고 하면, 실제로 그가 당신을 우선순위에 두지 않는다고 생각할 수 있다. 그럴 때 당신은 그 친구와의 우정이 정말 소중한 것인지 생각하게 될 것이다. 만약 친구가 당신보다 더 중요하게 여기는 사람의 초대를 받았기 때문에 약속을 취소했다면 어떻게 반응할 것인가? 그 친구를 잃고 싶지 않다면, 그의 행동을 바꾸려는 노력을 포기하고 참고 견디는 쪽을 선택할 것이다.

친구가 달라질 거라는 희망이 있다면 당신이 바라는 것을 표현할 수도 있다. 그렇게 해도 변화가 일어나지 않을 때는 관계를 포기하거나, 아니면 상대가 달라질 거라는 희망을 포기해야 한다. 바꾸려고 노력해도 상황이 바뀌지 않거나,

결과가 너무 힘들어질 것을 알기에 처음부터 바람을 표현하지 않고 포기할 수도 있다.

당신의 친구가 특별히 매력적이고 멋진 사람이라면, 그를 바꾸려는 노력을 포기하고 당신이 대가를 지불하기로 결정할 수 있다. 하지만 그 친구가 내게 소중한 사람이 아니라면, 서로 한 약속은 반드시 지켜야 한다는 것을 명확하게 제시하고 최후통첩을 날릴 수도 있다.

여러 사람 앞에서 비난을 받았다면

▶동시에 여러 범주에 속할 때

동시에 여러 범주에 속하는 다른 예를 살펴보자. 이웃이 부당한 행동을 했다는 이유로 당신을 비난했다고 가정해보자. 자아가 상처를 입었기 때문에 이 경우는 범주 1에 속한다. 그가 다른 사람들이 보는 앞에서 큰 소리로 당신을 비난했다면, 이것은 범주 4(바라는 것과 불일치할 때)와 범주 3(가치관이나 삶의 원칙이 손상될 때)에 속한다.

여러 사람 앞에서 비난받았을 때

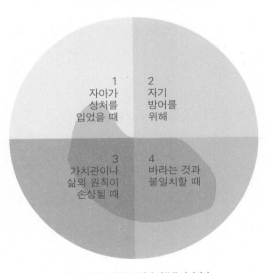

※ 진하게 표시된 부분은 문제의 범주를 가리킨다.

▶ 자아가 상처를 입었을 때

"내가 잘못된 행동을 했다고 생각한다니 유감스럽군요"라는 말로 슬픔을 표현하라. "당신의 말이 옳을지도 모릅니다" 또는 "저도 그렇게 생각합니다"라고 덧붙일 수 있다.

"이 일 때문에 함께 야구 경기를 보러 가지 않는 건 아니겠지요?"라는 말로 그 일이 서로의 관계에 어떤 영향을 줄지 확인할 수도 있다.

▶ 가치관이나 삶의 원칙이 손상됐을 때

"그렇게 큰 소리로 다른 사람을 비난하는 건 옳지 않은 행동입니다", "항의를 하려면 다른 사람들이 보지 않는 장소에서 하는 게 좋지 않을까요"라고 말할 수 있다. 아니면 당신의 원칙을 수정하는 방법을 선택할 수도 있다. 이웃에게 당신의 가치관을 말하고, 당신이 원하는 방식을 존중해줄 것을 요구하라.

▶ 바라는 것이 충족되지 못했을 때

상대에게 존중하는 태도로 당신의 이야기를 들어줄 것을 부탁하라. 반면 이웃의 태도를 바꾸려는 노력을 포기해야 하는 경우도 있다. 그가 치매에 걸렸거나, 정신적인 질병을 앓고 있거나, 기능 장애가 있어서 사회적으로 부적절한 방식으로 행동할 때는 참고 견디는 것이 좋다.

희망이 좌절로 바뀌는 순간

▶분노가 희망을 감추고 있을 때

앞에서 말했듯이 분노는 대부분의 경우 다른 감정들을 감추고 있다. 이런 감정들은 적극적으로 접하고 다루어야 한다. 그 속에는 새롭고 건강한 길이 감춰져 있기 때문이다. 그 길은 우리를 더 현실적이고, 생명력 있고, 행복한 삶으로 안내한다.

분노는 감정의 맨 꼭대기에서 많은 공간을 차지하고 있다. 그래서 그 밑에 있는 여러 가지 감정을 인식하는 것은 쉬운 일이 아니다.

분노는 현실이 달라질 거라는 희망을 담고 있다. 분노는 장애물을 제거하고 당신이 바꾸기 원하는 것과 싸우기 위해

희망이 좌절로 바뀔 때

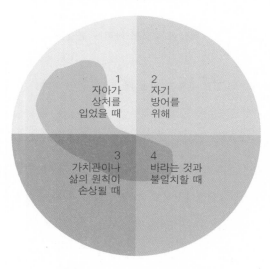

1
자아가
상처를
입었을 때

2
자기
방어를
위해

3
가치관이나
삶의 원칙이
손상될 때

4
바라는 것과
불일치할 때

* 진하게 표시된 부분은 문제의 범주를 가리킨다.

82

형성된 강력한 에너지다. 분노의 감정은 당신이 인식하든 인식하지 못하든, 바꾸기 위해 싸울 대상이 존재한다는 것을 의미한다.

문제는 바꿀 수 없는 것을 바꾸기 위해 싸우는 경우다. 당신의 분노가 배우자를 비난하고 힐책하는 방법으로 그의 근본적인 성격을 바꿀 수 있다는 희망에서 비롯될 때, 그것은 배우자뿐 아니라 당신 자신의 삶을 힘들게 만든다. 사람의 근본적인 성격은 좀처럼 바뀌지 않기 때문에 그것을 바꾸려고 노력하는 것은 헛된 일이다.

당신은 연로한 부모에게 계속 화를 내고 있을지도 모른다. 화를 낸다는 것은 싸울 대상이 있다는 것을 의미한다. 당신이 인식하든 인식하지 못하든 분노에는 일말의 희망이 숨겨져 있다. 그것은 이미 일어난 일이 없던 일이 될 거라는 희망이다. 기적이 일어나서 당신이 어렸을 때 갖지 못했던 것을 갖게 될지도 모른다는 희망, 어떤 형태로든 보상을 받을 수 있을 거라는 희망, 내가 원하는 모습으로 엄마 아빠가 변해서 동화 속 주인공처럼 행복하게 살 수 있을 거라는 희망.

▶ 현실을 인정하지 않으려고 할 때

우리는 잃어버린 것을 직시하고 현실을 있는 그대로 받아들일 수 있을 만큼 강해질 때까지 분노의 끈을 놓지 않는다. 희망 없는 싸움을 포기하는 순간, 분노는 슬픔으로 변한다. 분노와 달리 슬픔은 타인의 연민에 호소한다. 슬픔은 다른 사람의 도움을 끌어들인다. 슬픔에는 이처럼 운동력이 있다. 잃어버린 것을 충분히 애도하고, 눈물을 닦고, 자유롭게 새로운 가능성을 추구할 준비가 될 때까지 당신은 건강한 슬픔의 감정을 계속 느낄 것이다. 반면에 분노는 통한의 감정으로 변질되어 일생 동안 당신을 괴롭힐 수도 있다.

희망을 품은 분노는 과거의 배우자, 형제자매, 직장 동료 등 여러 관계 속에서 작용한다. 분노 속에 감춰진 희망과 그 희망을 이루기 위한 싸움을 인식하면, 분노에 대응하는 길을 발견할 수 있다.

분노 안에 숨겨진 희망을 찾아내라. 그 희망이 실현 가능한 것일 때는 현실을 바꾸기 위해 노력해야 한다. 그러나 실현 불가능한 희망은 충분히 애도함으로써, 그것을 내려놓고 자유롭게 새로운 삶을 시작할 준비를 해야 한다.

어린 시절에 부모에게 받지 못한 관심이나 배우자에게 받지 못한 사랑을 충분히 애도하고 나면, 그들 역시 당신처럼 장점과 한계를 지닌 존재임을 인정하고, 있는 모습 그대로 수용할 수 있게 된다. 다시 어린 시절로 돌아가 부모와 새로운 관계를 시작하는 것은 불가능하다. 그러나 그들이 갖고 있지 않은 것을 받으려는 헛된 노력을 포기하면, 이전과 다른 새로운 관계를 시작할 수 있다. 현실을 인정하지 않고 누군가를 바꾸려 했던 부질없는 노력을 내려놓을 수 있다.

반대로 성인이 된 자녀들이 당신에게 분노의 감정을 표현할 때 어떻게 대응해야 할까? "과거로 돌아가서 네가 행복한 어린 시절을 보내게 할 수 있다면 얼마나 좋을까"라는 말로 무기력함을 호소할 수 있다. 당신이 일찍 자리를 뜨는 바람에 자신의 생일 파티를 망쳤다고 비난하는 친구에게 "그날 내가 오래 머물 수 있었다면, 그렇게 했을 거야. 정말 미안해"라는 말로 친구의 분노를 달랠 수 있다.

바람과 희망의 차이

+

'해야 한다'는 도덕적으로 누군가를 판단할 때 사용하는 말이다. 당신은 자기 자신이나 다른 사람들을 도덕적으로 판단할 수 있다. "나는 내 아이들에게 더 많은 에너지를 쏟아야 했어"라는 말은 자신을 도덕적으로 판단하고, 내면의 분노를 자신에게 돌리는 표현이다.

당신은 또한 다른 누군가에게 도덕적인 판단의 잣대를 댈 수 있다. "당신은 나를 더 많이 배려해야 했어", "나는 당신을 위해 모든 것을 했어. 그런 나에게 최소한의 감사 표시는 해야 하는 거 아니야?"라고 말할 수 있다. 당신이 마음속으로만 생각하고 고민하는 성향을 가지고 있다면, 말로 표현하지 않고 생각 속에서 자기 자신이나 다른 사람과의 관계를 도덕적으로 판단할 것이다.

바람과 희망은 구분될 수 있다. 희망은 현실에 부합해야 한다. 당신이 희망하는 것이 동화 속에서만 존재한다면, 본질적으로 생명이 없는 것을 위해 많은 시간과 에너지를 낭비하게 될 것이다. 언젠가는 남편의 근본적인 성격이 바뀔 거라는 희망 때문에 사랑 없는 결혼 생활을 지속하는 아내가 그런 예다. 그녀에게는 희망을 버리는 것이 훨씬 더 유익한 선택이다. 남편이 달라질 거라는 희망을 포기하면 현실을 직시할 수 있다. 그리고 그 현실을 수용할 것인지, 현실로부터 탈출할 것인지 결정할 수 있다.

그러나 바람은 다르다. 당신은 죽은 사람이 잠시 살아 돌아오는 것 같은 비현실적인 일을 바랄 수도 있다. 당신은 자신이 바라는 것을 스스로 결정할 수 없다. 예를 들어, 파란색보다 노란색을 더 좋아하는 것은 스스로 결정할 수 있는 일이 아니다. 그것은 내면의 자아에 귀를 기울임으로써 발견할 수 있는 것이다. 그러므로 어떤 의미에서 당신은 당신의 바람이라고 할 수 있다.

나는 누군가를 만났을 때 그가 어떤 사람인지 알고 싶으면, 상대에게 직접 바라는 것이 무엇인지 묻는다. 그가 바라는 것은 그에 대해 많은 것을 말해주기 때문이다.

바람을 정확하게 인식할 때, 자기 자신과 더 가까워질 수 있다. 지금 바라는 것이 무엇인지 파악하고 수용할 때, 진정한 의미에서 자기 자신과 친밀한 관계를 맺게 된다.

마찬가지로 다른 사람들의 바람에 대해 마음을 열고 귀를 기울일 때, 그들과 깊고 친밀한 관계를 맺을 수 있다.

슬픔의 감정을 충분히 느껴라

당신은 자신의 바람을 통제할 수 없다. 억누르려고 노력할 수는 있지만 억압하는 것은 결코 도움이 되지 않는다. 그것은 생명력을 억제하고, 삶의 무의미함과 암울한 슬픔을 느끼게 할 뿐이다. 바람은 생명력으로 가득 차 있다.

자신이 바라는 것과 거리가 먼 삶을 살고 있다면, 바람을 인식하는 것은 당신에게 고통을 안겨줄 것이다. 자신의 바람을 인식할 때, 더 깊은 자아와 슬픔에 접촉하게 된다. 나는 고통스러운 자각을 외면하고 억제하면서 공허하고 생기 없는 감정을 느끼기보다는, 슬픔의 감정을 충분히 느끼고 경험하고, 살아 있음을 충만하게 느끼는 삶을 선택하고 싶다.

자기 자신이나 다른 사람들을 도덕적으로 판단할 때,

당신은 분노를 접하게 될 것이다. 자신의 바람이 성취될 때는 기쁨을 느끼지만, 성취되지 못할 때는 고통을 느낄 것이다.

"나는 다른 사람들이 하는 일을 할 수 있어야 해"라는 말은 "나도 그들이 하는 일을 할 수 있으면 좋겠어"라는 말로 바꿀 수 있다. 두 번째 문장에는 비난의 느낌이 제거되고, 슬픔의 공간이 더 남아 있다. "당신은 나를 더 많이 도와주었어야 해"라는 말은 "당신이 나를 더 많이 도와주면 좋았을 텐데" 또는 "나는 너의 도움을 기다렸어"라는 표현으로 바꿀 수 있다.

'해야 한다'는 말로 도덕적인 판단을 하는 것보다, '바람'을 기반으로 하는 언어를 사용할 때 상대방에게 전혀 다른 반향을 불러일으킬 수 있다. 자기 자신이나 다른 사람들을 판단하는 표현 대신 바람이나 아쉬움을 나타내는 표현을 사용하자. 그런 표현이 당신의 내면에서 어떤 변화를 일으키는지 느껴보라. 슬픔 안에서 그보다 더 큰 평안을 느낄 수 있을 것이다.

분노는 대부분의 경우 불필요한 감정의 층을 형성하고

있다. 많은 사람이 상처받기 쉬운 연약한 감정의 층으로 내려가지 않고 오랫동안 분노의 상태에 머무르는 데에는 여러 가지 원인이 있을 수 있다. 분노 밑에 숨겨진 슬픔을 감당하기 힘들기 때문일 수도 있고, 자신이 성취할 수 없고 통제할 수 없는 것을 인정할 때 느끼는 무기력한 감정을 회피하기 때문일 수도 있다. 당신이 분노의 상태에 머무르고 있다면, 그것은 당신이 어떤 대상과 싸우고 있다는 것을 의미한다. 더 많이 싸울수록 자신의 연약한 감정을 더 회피하게 된다.

과거에 일어났던 일을 수용하는 것보다 실패한 관계에 분노를 쏟아붓는 것이 더 편하게 느껴질 수도 있다. 그러나 과거는 결코 바뀌지 않는다. 이전에 받은 상처를 지닌 채 그 상처와 연관된 상실감과 더불어 살아가야 한다. 그것을 현실로 받아들일 때, 당신의 분노는 슬픔으로 바뀌게 된다.

슬픔은 치유의 능력을 가지고 있다. 슬픔은 시간을 필요로 하는 과정이다. 화를 낼 때보다 슬픔을 느낄 때 타인의 사랑을 더 쉽게 받아들일 수 있다. 분노는 결코 연민의 감정을 불러일으키지 못한다. 분노는 거리를 만들지만, 슬픔은 연민을 부른다.

———————————— o ————————————

당신의 영역이 침범을 당해서 화가 났을 때, 당신은 그것을 '바람'의 언어로 표현할 수 있다. 그런 상황에서 분노를 표현하는 데 익숙하다면, 분노 안에 숨겨진 바람을 찾아내서 그것을 표현하라.

당신 자신이나 다른 사람에 대한 분노가 상처받기 쉬운 연약한 감정들을 감추고 있을 때, 그 문제에 대해 대화를 나눔으로써 자신과의 관계나 타인과의 관계를 더 깊은 수준으로 이끌어갈 수 있다. 분노를 표현하는 대신 무기력감이나 불안, 슬픔을 표현하라. 서로의 따뜻한 감정을 수용하는 새로운 길을 발견하게 될 것이다.

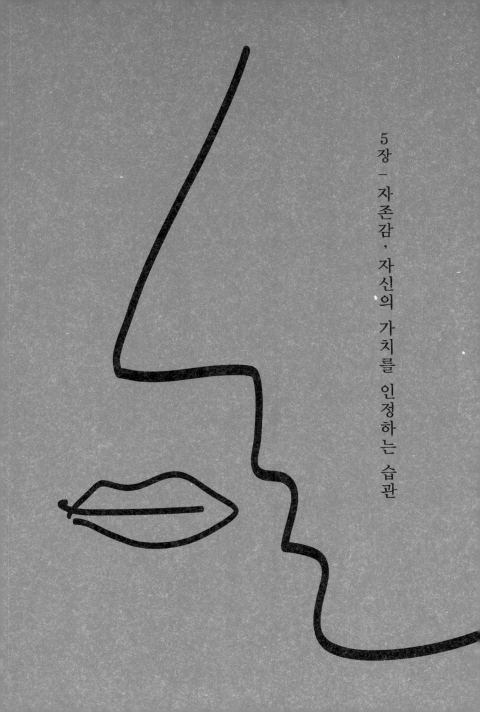

5장 — 자존감, 자신의 가치를 인정하는 습관

상대에게 나를 더 많이 보여줄수록 그 관계는 더 깊어진다.

갈등을 일으키는 것을 싫어하는 사람이 있다. 그런 부류의 사람들은 모든 일이 문제없이 잘 흘러가는 것처럼 가장하고, 부정적인 것은 표현하지 않는 경향이 있다. 그런 문제는 별로 중요하지 않다고 자기 자신을 설득한다.

원하지 않는 상황이 일어났을 때 상대방을 힐책하고 비판하거나 자기 자신을 비난하는 것 중 한 가지 방법으로 대응할 수 있다. 이 두 가지 시나리오 사이에서 자신의 생각을 표현하는 중간 지점을 찾아내야 한다. 당신이 느끼고 경험한 것을 중립적인 형태로 표현하라. "네가 방금 내 기분을 망쳤어", "나는 항상 민감해"라는 말은 피하는 것이 좋다.

중립적인 표현의 몇 가지 예를 살펴보자.

"당신이 나를 그런 눈으로 보면 불안하고 초조해져."

"지금 나는 당신의 다정한 말이 필요해."

"차가운 음료보다 따뜻한 차를 마시고 싶어."

"우리가 함께 정한 약속은 지켜야 한다고 생각해."

좋아하고 원하는 것을 명확하게 표현하라. 상대방에게 자신의 입장을 더 분명하게 전할 수 있다. 명확한 경계는 좋은 관계를 만든다.

갈등이 싫어 문제를 외면하는 건 비겁한 태도다. 해결되지 않은 문제는 더 큰 갈등이 되어 돌아올 수 있다. 상대방에게 당신이 누구인지 더 많이 보여줄수록 관계는 그만큼 깊어진다. 나를 드러내는 건 용기가 필요한 일이다. 내가 가진 것을 공유할 때, 상대는 더 깊은 친밀감을 느낄 것이다.

바라고 원하는 것을 말하라

+

타인에게 화를 내는 것을 싫어하는 사람은 그 일이 별로 중요하지 않다고 자신을 설득한다. 그것은 당장은 편하게 느껴질지 모르지만, 장기적인 관점에서 볼 때 결코 좋은 태도가 아니다. 부정적인 말을 할 용기가 없어서 문제를 회피하면, 피상적이고 불만족스러운 관계가 지속될 수밖에 없다.

자신의 입장을 주장하는 것이 타당한 상황에서도 용기를 내지 못하는 것은 낮은 자존감이 원인일 수 있다.

"사람들은 내게 더 이상 참고 견디지 말라고 했습니다. 화가 나면 탁자 위를 주먹으로 내리치라고, 그러면 사람들이 함부로 대하지 못할 거라고 했죠. 나는 선의의 충고를 따르려고 노력했습니다. 그런데 큰 소리로 말하려고 하면, 오히려 작고 가늘고 떨리는 목소리가 나오더군요.

모든 것이 결국 낮은 자존감 때문이라는 걸 깨달았습니다. 나는 마음 깊은 곳으로부터 내가 이 세상을 살아갈 만한 가치가 있는 존재라는 걸 확신할 수 없었습니다. 항상 부족한 사람이라고 생각했고, 인류 공동체의 일부가 된 것만으로도 감사해야 한다고 생각했습니다. 무엇보다 다른 사람을 방해 하고 힘들게 하면 안 될 것 같았습니다.

분노를 표현하려고 할 때마다 두려움이 몰려왔습니다. 화가 나지 않거나 큰소리를 낼 줄 몰라서 화를 내지 않았던 게 아 닙니다."

-옌스, 45세

사람들이 옌스에게 분노를 표현하라고 권유한 것은, 그의 문제점이 무엇인지 이해하지 못했기 때문이다. 옌스에게는 분노를 표현하는 것보다 낮은 자존감을 해결하는 일이 먼저다.

차분하고 침착해야 한다

+

어떤 사람들은 큰 소리로 화를 내지 않기 때문에 다른 사람들이 자신의 이야기를 들어주지 않는다고 생각한다. 그런 생각에는 과거의 잔재가 남아 있다. 아기였을 때 우리가 할 수 있는 일은 큰 목소리로 우는 것뿐이었다. 무언가 불편하면 소리 내 울면서 엄마 아빠를 성가시게 만들고, 그들의 일상을 방해했다. 그것이 문제를 해결하는 유일한 방법이었다.

갈등을 겪는 많은 부부가 그러한 전략을 사용하고 있는 것을 보게 된다. 당신은 배우자의 삶을 힘들게 만들면 그가 당신이 느끼는 좌절감을 이해하고, 없애줄 거라고 생각할지도 모른다. 상대방을 괴롭혀서 자신이 원하는 것을 얻어내는 방법은 어린아이였을 때는 효과가 있지만, 어른의 세계에서는 치명적이다. 자신의 문제를 해결하기 위해 다른 사람을 괴롭히면 원하는 것을 얻기는커녕 오히려 더 큰 좌절감과 불쾌감을 느끼게 된다. 그러므로 격렬한 분노를 표현하는 것보다 차분하고 침착한 태도로

"싫어", "나는 그렇게 하고 싶지 않아", "그건 마음에 안 들어"라고 말하는 게 훨씬 효과적이다.

원하는 것을 침착하고 차분하게 말해도 효과가 없다면 격렬하게 분노를 표현하는 것 역시 효과가 없을 것이다. 상대방이 당신이 원하는 것을 가지고 있지 않거나, 그것을 당신에게 제공할 의사나 능력이 없기 때문에 상황은 달라지지 않는다. 그럴 때는 "다음 약속 시간에 또 늦으면 기다리지 않을 거야"라는 말로 그의 행동이 가져올 결과를 제시하는 것이 더 효과적이다.

───────── ❂ ─────────

주변 사람들에게 당신이 바라고 원하는 것이 무엇인지 솔직하게 말하라. 사람들은 당신의 생각을 훨씬 더 명확하게 이해할 것이다. 바라는 것을 표현하는 것은 당신 자신을 존중하는 한 가지 방법이다. 상황이 바라는 대로 되지 않는다고 해도 침묵을 지키기보다 원하는 것을 표현할 때 후회와 좌절감을 덜 느끼게 된다.

당신이 어떤 일에 대해 반대 의사를 표현했는데도 같은 상황이 지속될 때, 그 문제에 대해 목소리를 높이는 건 도움이 되지 않는다. 당신이 할 수 있는 건 이미 일어난 일의 결과를 제시하고, 의사를 명확하게 표현하는 것이다.

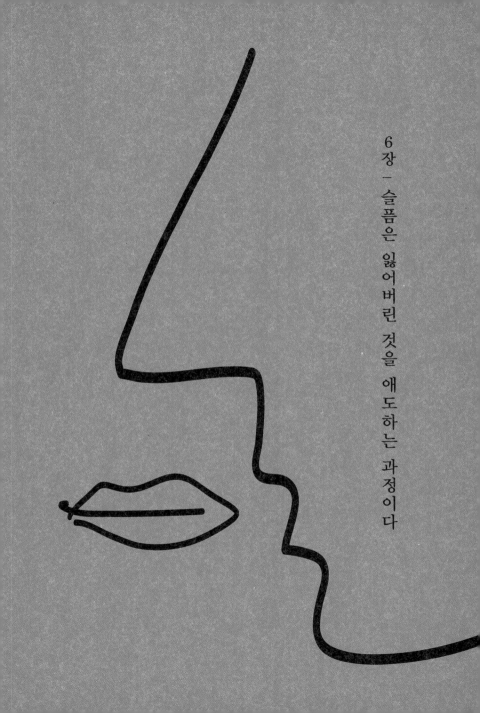

6장 ― 슬픔은 잃어버린 것을 애도하는 과정이다

그 사람과의 관계가 애증이 엇갈리는 복잡한 관계였다면,
떠나보내는 것이 더 고통스러울 것이다.

우리는 바라고 원하는 일이 이루어지지 않을 때 슬픔을 느낀다. 그럴 때 당신이 선택할 수 있는 방법은 유쾌하고 즐거운 일에 집중함으로써 슬픔에 저항하는 것이다. 지금까지 만났던 다양한 사람이 당신에게 했던 긍정적인 말들을 떠올려보라. 그것을 목록으로 작성하고 일정 기간 매일 그 말들을 기억하면서 자신의 긍정적인 측면을 발견하라.

즐길 수 있는 활동을 시작하는 것도 기분 전환의 한 가지 방법이다. 하고 싶은 일이 무엇인지 정확하게 알 수 없더라도 일단 즐거운 기분을 느낄 수 있는 일을 시작하라.

슬픔의 근본적인 원인을 찾지 못하고 오랜 기간 우울감에 빠져 있을 때는 기분을 전환할 수 있는 활동을 시작하는 것이 좋다. 슬픔의 원인을 찾는 것도 중요하지만, 그러지 못할 때는 문제에 몰입하고 있는 자신에게서 벗어나야 한다.

슬픔의 근원을 찾는 것이 항상 가능한 것은 아니다. 원인을 찾아낸다고 해서 모든 문제가 완전히 해결되는 것도 아니다. 오히려 문제에 집착한 나머지 자신의 감정을 충분히 이해하지 못하고, 내가 가진 다른 자원을 사용하지 못할 수도 있다.

당신의 장점과 강점에 초점을 맞추고 긍정적인 생각을 하려고 노력하라. 그래도 슬픔의 강도가 줄어들지 않을 때는 슬픔을 완전히 받아들이고, 울음으로 슬픔을 쏟아내는 것도 한 가지 방법이다.

울음은 도움을 요청하는 울음과 놓아 보내기 위한 울음으로 구분할 수 있다. 분노는 주로 투쟁과 연결되어 있지만, 슬픔은 놓아 보내는 것과 연결되어 있다. 싸울 수도 없고 놓아 보낼 수도 없다면, 당신은 퇴행적인 슬픔을 느끼고 있는지도 모른다.

눈물의 의미

+

퇴행은 발달의 초기 단계에서 유효했던 전략을 사용하던 시기로 돌아가는 것을 의미한다. 변기 사용법을 훈련받은 아이가 다시 잠자리에 오줌을 싸기 시작하는 것도 퇴행의 한 형태다. 아이들은 동생이 태어나거나, 어린이집에 다니기 시작할 때 종종 이런 퇴행적인 행동을 한다.

직면한 도전을 극복하지 못해서 두려움과 좌절감에 빠질 때 퇴행적인 행동이 나타나는 경우가 많다. 울음의 퇴행적인 형태는 슬픔이 아닌 불안을 표현하는 것이다. 퇴행적인 울음은 "나는 이 상황을 더 이상 견딜 수가 없어. 제발 도와줘"라고 말하는 것과도 같다.

한 내담자는 이렇게 호소했다. "화가 치밀어 오르면 나도 모르게 울음이 터져 나와요. 분노를 말로 표현하려고 하면 목소리가 갈라지고 기어들어가서 너무 당황스러워요." 여자들이 화가 났을 때 종종 이런 현상을 경험한다.

남자들은 화를 낼 때 여자 친구가 울기 시작하면 매우 당황해한다. 그들은 여자가 울면 다정하게 달래주는 것이 남자다운 태도라고 생각하기 때문에 자신의 분노를 더 이상 지속시키지 못한다. 여자의 울음을 상대방을 압박하기 위한 의도적인 행동으로 생각하는 남자들도 있지만, 그것은 대부분 퇴행적인 행동이다. 여자들도 우는 자신이 마음에 들지 않고, 퇴행적인 상태를 벗어나고 싶어 한다. 그러나 갑자기 겁을 먹거나 당황하면 자기도 모르게 울음이 터져 나온다.

여자가 남자보다 분노를 표현하는 것을 더 두려워하는 이유는 분노를 부정적인 감정이라고 교육받았기 때문이다. 여자 아이들이 화를 내면 부모들은 "네 방에 들어가서 어떤 게 여자다운 행동인지 잘 생각해봐. 방에서 나오지 말고 반성해"라고 질책한다. 여자들은 분노를 표현하려고 할 때, 상대방에게 버림받을지도 모른다는 두려움을 느끼고, 자기도 모르게 퇴행적인 울음을 터뜨린다.

남자들도 어린 시절에 비슷한 경험을 하지만, 남자 아

이들의 분노는 대체로 더 관대하게 받아들여진다. 남자 아이들이 울면 사람들은 계집아이 같다고 놀리거나 꾸짖는다. 남자들이 강렬한 분노를 퇴행적인 울음으로 표현하는 경우가 더 적은 것은 그런 이유에서다.

도움을 요청하는 퇴행적인 울음

+

배우자를 잃은 사람들이 상실의 첫 단계에서 보이는 울음은 다른 사람의 도움을 요청하는 울음이다. 그들은 상실의 초기 단계에서 감정적인 반응을 적절하게 통제하지 못하기 때문에 다른 사람의 도움을 요청하는 울음으로 감정을 표현한다.

다른 사람의 도움을 요청하는 울음은 '나에게 관심을 가져주세요'라는 신호다. 대부분의 사람들은 그러한 신호에 호의적인 반응을 보인다. 타인의 눈물에 특별히 나쁜 경험을 갖고 있지 않은 사람은 도움을 요청하는 울음에 연민과 동정을 느낀다.

다른 사람의 눈물을 볼 때 느끼는 연민과 친밀감은 부정적인 감정이 아니다. 울고 있는 사람에게 가까이 다가가서 따뜻하게 포옹해주는 것은 인간의 자연스러운 감정 표현이다.

하지만 타인의 연민에 대한 자신의 갈망을 인정하지 않는 사람들도 있다. 그들은 자신의 감정 때문에 다른 사람에게 부담을 주는 것은 연약한 자아를 드러내는 일이라고 생각하고, 자신의 감정은 스스로 감당하고 해결해야 한다고 믿는다. 볼 위로 하염없이 눈물이 흘러내리는데도 스스로 문제를 처리할 수 있다고 고집하는 사람도 있다. 그의 눈물은 지금까지 억압해온 감정이 보내는 응급 구조 신호다. 자신의 진실하고 예민한 감정을 이해해달라는 안타까운 호소다.

감동에 익숙하지 않은 사람들

+

영화를 보거나 다른 사람의 이야기를 들을 때 쉽게 감

동하는 사람들이 있다. 나 역시 내담자의 이야기를 들으면서 감동을 받는 경우가 많다. 그럴 때는 내가 느낀 감정을 솔직하게 표현한다. 상대의 말에 감동을 표현하면, 즐거운 일이나 힘든 일을 함께 공유하고 있다는 느낌이 강해진다.

감동을 느낄 때 그 감정을 당황스럽게 받아들이는 사람들이 있다. 누군가 당신에게 친절한 말을 건네거나 선물을 줄 때, 눈물이 흐르고 목이 메어 당황한 적이 있을 것이다. 눈물은 그의 친절한 말이나 선물이 당신에게 소중한 의미라는 걸 말해준다. 당신은 지금까지 누군가의 따뜻한 배려와 관심을 갈망하고 있었을 것이다. 감동을 받았을 때 불안과 당혹감을 느꼈다면, 그것은 은밀하게 숨겨온 감정의 빙산의 일각이다. 아마도 그 밑에는 사랑에 대한 강렬한 욕구와 갈망이 숨겨져 있을지도 모른다.

감동을 받고 마음이 움직인다는 것은 당신의 감정이 건강하다는 것을 증명한다. 감동은 인간적인 접촉의 한 형태다. 자신이 느낀 감동을 표현하는 것은, 두 사람 사이에 일어나고 있는 일이 중요하다는 걸 표현하는 것이다.

반대로 당신이 누군가에게 선물을 주거나 칭찬했을 때 상대방이 감동을 표현하면, 당신 역시 행복하고 충만한 기쁨을 느낄 것이다.

혼자서 울지 마라

+

도움을 요청하는 울음은 다른 사람들과 함께 있을 때 효과를 나타낸다. 때로는 퇴행의 단계로 돌아가서 내면적으로 어린아이가 되어 다른 사람의 위로와 지지를 받는 것이 정신 건강에 도움이 될 수 있다. 대부분의 경우 어느 정도 기간이 지나면, 다시 어른으로 돌아가 성숙한 전략을 사용할 수 있게 된다.

그러나 혼자 있을 때 도움을 요청하는 울음은 효과가 없다. 아무도 당신의 울음소리를 들을 수 없기 때문이다. 그럴 때는 산책을 하는 것처럼 즐거움과 에너지를 얻을 수 있는 일에 몰두하는 게 좋다. '눈이 짓무르도록 실컷 울고 나면 마음이 가벼워진다'는 말처럼 울음은 정신을 치유하는 도구가 될 수 있다.

그러나 혼자 있을 때 도움을 요청하는 퇴행적인 울음은 정신 건강에 도움이 되지 않는다. 두통은 심해지고, 기분은 계속 가라앉는다. 그 순간 슬픔을 표현할 수 있는 방법이 혼자 우는 것밖에 없을지도 모르지만, 그럴 때 우는 것은 슬픔을 완화하는 역할을 하지 못한다. 도움을 요청하는 퇴행적인 울음이 슬픔에서 벗어나기 위한 울음으로 발전할 때, 슬픔은 하나의 과정이 된다. 작별 편지를 쓰는 것도 퇴행적인 울음에서 놓아 보내기 위한 울음으로 이동하는 한 가지 방법이다.

놓아 보내기 위한 울음

+

슬픔은 상실의 경험에서 비롯된다. 우리는 무언가를 잃어버렸거나, 원하는 것을 갖지 못했을 때 슬픔을 느낀다. 당신이 잃어버린 것은 거창하거나 대단한 것이 아닐지도 모른다. 우리는 희망이나 꿈을 상실했을 때도 애도의 감정을 느낀다.

당신은 잃어버린 것이 무엇인지 확인하는 순간 눈물을 흘리거나, 흐느껴 울 것이다. 한동안 울고 나면 억압되어 있던 감정이 해방되고, 후련한 기분을 느낄 수 있다. 목에 뭔가 걸려 있는 것 같아 울고 싶어도 울지 못할 때도 있다. 또 보이지 않는 무언가가 당신을 울지 못하도록 막고 있는 것처럼 느낄 수도 있다. 슬픔이 부서지지 않는 파도처럼, 끊임없이 당신을 고통스럽게 만들지도 모른다.

편안하고 안전하게 느껴지는 사람들과 함께 있을 때 놓아 보내는 과정을 더 쉽게 경험하는 사람도 있고, 반대로 혼자 있는 것을 더 편하게 느끼는 사람도 있다. 당신은 둘 중 어떤 유형인가.

내가 나를 위로해도 괜찮다

+

당신의 부모는 다른 사람들과 마찬가지로 장점과 단점을 동시에 갖고 있다. 그러나 우리는 무조건적으로 감정을 이해하고 수용하고, 사랑을 베풀어주고, 듣고 싶은 말을 정확하게 들려주는 부모에 대한 이상적인 이미지를 가지고 있다.

당신 스스로 자신의 완벽한 부모가 돼라. 나는 힘들고 고통스러울 때 나 자신에게 이렇게 말한다.

"사랑하는 일자, 모든 일이 바라던 대로 되지 않아서 많이 힘들지. 너는 그것을 얻기 위해 정말 열심히 노력했고, 진심으로 그것을 원했어."

그리고 내가 원했던 것이 무엇인지 상세하게 설명한다. 그럴 때 나도 모르게 눈물이 흐른다. 그것은 나의 슬픔과 안타까운 심정을 드러내는 눈물이다. 그렇게 한참 눈물을 흘리고 나면, 내가 원했던 것을 떠나보낼 마음의 준비가 된다.

두 팔로 자기 자신을 안아주고 쓰다듬는 동작은 위로의 감정을 더욱 강화시킨다. 그러나 이런 방법이 부서지지 않는 슬픔의 파도를 모두 깨뜨릴 수 있는 건 아니다.

더 아프고, 고통스러운 이별

+

공중에 빈 마멀레이드(오렌지나 레몬 따위의 껍질로 만든 잼) 유리병이 거꾸로 매달려 있는 모습을 상상해보자. 파리한 마리가 병에서 빠져나가려고 필사적으로 원을 그리며 날고 있다. 파리가 병을 빠져나올 수 있는 방법은 주둥이를 통해 밑으로 내려오는 것뿐이다. 몇 센티미터만 밑으로 내려오면 자유를 얻을 수 있다. 그러나 파리는 오로지 위로 올라가는 것에 집착해서 내려올 생각은 하지 않고, 계속 꼭대기에서 힘겹게 원을 그리며 날고 있다.

나 역시 내면에서 그런 저항감을 발견할 때가 있다. 그것은 어렵고 힘든 일에 부딪혔을 때, 깊이 침잠해서 그 일을 극복할 힘을 얻을 기회를 방해한다. 나는 그 감정에 완전히 굴복하고, 떠나보내고, 다시 내면으로 깊이 들어갈 수 있을 때까지 슬픔과 억압을 겪어내야 한다.

내려놓고 떠나보내는 과정을 통과하면 다시 내면의 집으로 돌아갈 수 있다는 것을 기억하라. 언젠가는 당신이 사랑하는 것을 잃어버릴지도 모른다는 두려움을 떨쳐버리고, 용기 있게 소중한 사람들과 좋은 관계를 맺을 수 있을 것이다.

큰 슬픔을 겪을 때 우리는 더 강인해지는 자신을 발견한다. 깊은 고통 속에서 자신에게 연민을 느끼고, 잃어버린 것을 진심으로 애도하고, 삶의 두려움을 극복하게 된다. 슬픔을 완전히 수용하는 과정을 통과하지 못하면 일생 동안 슬픔의 짐을 짊어지고 살아갈 수도 있다. 회피한 슬픔은 외상 후 스트레스 장애(PTSD)나 인격 장애, 또는 우울증과 비슷한 증상으로 나타나기도 한다.

당신이 사랑했던 사람과 힘든 관계를 맺고 있었다면, 그를 떠나보낼 때 더 큰 슬픔을 느낄 것이다. 친밀하고 따뜻하고 편안한 관계를 맺었던 사람은 쉽게 마음에서 떠나보낼 수 있다. 그 사람에 대한 좋은 기억을 간직하고 살아갈 수 있기 때문이다.

그 사람과의 관계가 애증이 엇갈리는 복잡한 관계였다면, 떠나보내는 것이 더 고통스러울 것이다. 그러나 이제 당신은 그에게 작별 인사를 해야 한다. 그에게서 받지 못했던 것, 언젠가는 받을 수 있을 거라고 믿었던 마지막 희망을 떠나보내야 한다. 완성하지 못한 것을 포기하기 힘든 것처럼 좋은 관계를 맺지 못했던 사람을 떠나보내는 것은 더 아프고 고통스러운 일이다.

당신의 슬픔을 공유하라

+

죽음의 위기에서 살아났거나 이혼의 아픔을 겪은 사람들은 오랜 기간 분노와 고통에서 벗어나지 못한다. 그것은 그들이 상실에 대한 감정적인 반응을 적절하게 처리하지 못하고 있다는 증거다. 강렬한 반응을 이겨내려면 강한 의지와 자아를 가지고 있어야 한다. 그렇지 않으면 상실감과 무기력감과 슬픔을 수용할 수 있도록 도와줄 지지자가 필요하다.

떠나보내는 것이 힘들게 느껴지는 것은 아직 상실을 완전하게 받아들이지 못했다는 증거다. 상실에 대한 감정적인 반응을 수용할 만큼 강하지 않다는 뜻이다. 그럴 때는 당신의 말을 경청하고, 스스로 감정을 수용하도록 도와줄 수 있는 사람과 당신의 경험을 공유해야 한다. 슬픔은 나누면 반이 된다는 말이 있다. 당신이 스스로 감정을 수용하도록 도울 의지와 능력을 가지고 있는 사람을 선택해야 한다. 그렇지 않으면 위안을 얻기는커녕 혼란과 좌절감이 더 커진다. 오히려 잘못된 선택을 했다는 자괴감을 느낄 수도 있다.

경험을 공유하기 전에 상대방이 준비되어 있는지 테스트해보는 것도 좋은 방법이다. "나는 지금, 내게 무척 고통스러운 일을 이야기하려고 합니다. 내 이야기를 들어줄 준비가 되었나요? 그렇지 않으면 다음에 하는 게 좋을 것 같아요." 상대방이 부정적인 반응을 보이거나 대답을 회피할 수도 있다. 그는 아마 이전에 당신과 비슷한 경험을 했고, 당신의 이야기를 들으면 지금까지 억제해온 감정이 드러날까 봐 두려워하는 건지도 모른다.

주변에 당신의 고통을 나눌 의지나 능력을 가진 사람이 없을 때는 전문가를 찾아가는 것도 한 가지 방법이다. 중립적인 태도를 견지할 수 있는 사람에게 경험을 이야기하는 것은 도움이 될 것이다. 하지만 심리 치료사나 심리학자라는 자격증이 다른 사람의 감정을 수용하는 능력을 보증하지는 않는다. 다른 사람의 감정을 다루는 능력은 자신의 감정을 수용할 수 있는 정서적인 능력과 타인의 고통을 덜어주려는 이타적인 태도를 필요로 한다. 상대방에 대해 그런 확신이 들지 않을 때는 당신에게 덜 고통스러웠던 경험에 대해 이야기하라. 슬픔이 줄어들고 편안해지는 감정을 느낀다면, 더 고통스러운 경험을 이야기해도 좋다.

떠나보내기 위한 편지

+

나는 떠나보내는 과정이 필요한 내담자에게 작별 편지를 과제로 내주고, 10장 '나에게 보내는 작별 편지'에 실려 있는 질문을 참조하게 한다. 떠나보내야 할 대상에게 작별 편지를 쓰는 것은 이별의 과정을 덜 고통스럽게 통과하는 방법이다.

작별 편지는 감사의 말로 시작하는 게 좋다. 술이나 담배처럼 해로운 습관과 작별할 때는 그것들이 당신에게 주었던 즐거운 순간들에 감사하라. '나는 항상 모든 일을 스스로 처리해야 한다'는 자신의 생존 전략에 작별 인사를 하려면, 그 전략이 당신에게 주었던 도움에 감사하라. 당신은 그 전략이 자신에게 유용한 방법이었기 때문에 선택했을 것이다. 그것은 또 과거에 어린 당신을 정서적으로 수용할 능력이 부족한 부모로부터 보호해주었을 것이다. 그때 당신이 선택할 수 있는 유일한 전략은 부모의 말에 고분고분 순종하는 착한 아이가 되는 것이었을지도 모른다.

작별 편지를 쓸 때 편지의 대상에게 감사하고 앞날의 행복을 빌어주어야 한다. 실제로 '작별(farewell)'은 상대방이 '잘(well) 되기를(fare)' 바란다는 뜻이다. 당신이 떠나보내는 대상이 앞으로 잘 지내기를, 행복하기를 빌어주어야 한다. 진심으로 그가 잘 되기를 원하지 않는다면 진정한 의미에서 떠나보낸 것이 아니다.

편지를 다 쓰고 나면 신뢰할 수 있는 사람에게 읽어주는 것이 좋다. 그 사람은 편지의 증인이 된다. 그럴 만한 사람이 주변에 없을 때는 나무처럼 당신의 이야기를 묵묵히 들어주는 대상에게 읽어줄 수도 있다.

많은 사람이 작별 편지를 쓰면서 눈물을 흘린다. 그들은 편지를 쓰는 동안 자신의 진실한 감정에 연결되고, 편지의 대상이 얼마나 중요한 존재였는지 깨닫는다. 자신의 감정을 명확하게 인식하면, 그 감정을 눈물로 쏟아내는 과정을 통해 해방감과 자유로움을 느낄 수 있다.

지금까지 당신의 내면에 쌓아온 분노와 비통한 감정을 떠나보내라. 이것이 작별 편지를 쓰는 목적이다. 당신이 떠나보내기 원하는 대상을 구체적으로 명시하라. 그 대상은 사람이 아닐 수도 있다. 그것은 미래에 이루고 싶었던 어떤 꿈이나 실제적인 이미지일 수도 있다. 가장 큰 상실은 사람이 아니라, 당신이 원하는 방식으로 이루어지지 않은 관계나 그 사람과 관계를 맺음으로써 얻을 수 있었던 사회적인 지위일지도 모른다.

자신에게 슬퍼할 시간을 허락하라

+

우리 문화는 슬픔에 인색한 경향이 있다. 그리하여 슬픔에 빠진 사람들에게 빨리 정상적인 삶의 궤도로 돌아오라고 압박을 가한다. 그러나 슬픔을 수용할 충분한 시간을 갖지 않으면, 삶의 속도를 늦추고 내면에 집중함으로써 성장할 수 있는 기회를 놓치게 된다.

나는 우울감에 빠져서 삶의 열정을 잃어버렸던 사람들이 일정한 기간이 지나면 사물에 대한 새로운 관점과 에너지를 회복하고, 삶의 궤도로 되돌아오는 모습을 많이 보았다. 그들은 고통의 시간을 지나면서 내면의 퍼즐 조각을 해체하고 다시 조립하는 과정을 통해 새롭게 태어난다.

그들은 견딜 수 없는 고통을 겪으면서 삶과 죽음에 대해 진지하게 생각한다. 그리고 다시 적극적인 삶의 자리로 돌아온다. 이전보다 더 단순하고 편안하게 삶을 받아들이는 자신을 발견하고, 행복을 더 깊이 인식하고 즐길 수 있는 감각을 갖게 된다. 어느 현자는 이렇게 말했다.

"고통은 기쁨의 웅덩이를 파내어 더 큰 기쁨의 공간을 만든다."

억압된 갈망을 드러내라

+

떠나보내야 할 때 떠나보내지 못하고 관계 속에 오래 머무는 것은 자신의 가능성과 에너지를 낭비하는 일이다. 그러나 반대로 너무 일찍 떠나보내는 것은 성급하게 가능성을 포기하는 결과를 가져올 수 있다. 자신의 능력을 끝까지 신뢰했다면, 원하던 학위를 받을 수 있었을 것이다. 사랑하는 사람을 섣불리 포기하지 않았다면, 그 사람과 행복한 관계를 이어갈 수 있었을지도 모른다.

삶 속에서 심한 좌절감과 피로감을 느끼는 것은 당신에게 반드시 필요한 것을 포기했기 때문일지도 모른다. 어쩌면 당신은 자신에게 필요한 것이 무엇이었는지 기억하지 못할지도 모른다. 당신이 바라는 것을 표현할 언어 능력이 부족했던 어린 시절, 관심과 사랑이 거부되는 것이 두려워 미리 그런 노력을 포기했는지도 모른다. 경험한 적이 없기 때문에 사람들의 주목과 관심을 받는 것이 무엇인지 모르고, 그것을 얻을 수 있는 방법은 더더욱 모를 것이다.

당신은 내면에 감춰진 분노를 직시하고, 당신이 갈망하는 것을 얻으려는 열정을 회복해야 한다. 그리고 용기 있게 전쟁터로 나가야 한다. 무엇보다 자신이 갈망하는 것이 무엇인지 명확하게 인식해야 한다.

어떤 내담자는 "기억도 나지 않고 느껴지지도 않는데, 내가 갈망하는 것이 무엇인지 어떻게 알 수 있나요?"라고 물었다. 당신은 갈망하는 것이 무엇인지 찾아낼 수 있다. 억압된 갈망은 당신에 의해 구체적으로 밝혀지기를 기다리고 있다. 불안감이나 질투심, 당신이 만들어낸 환상 속에서 그 갈망을 추적해볼 수 있다.

오랜 기간 상담을 받은 심리 치료사와의 관계에서도 갈망하는 것이 무엇인지 찾을 수 있다. 그럴 때 필요한 것은 자신이 원하는 것을 솔직하고 정확하고 적절하게 표현하는 것이다.

거의 일 년 동안 상담 치료를 받은 한 내담자가 어느 날 망설이면서 '내 무릎에 앉고 싶다'고 말했다. 그러고는 나에게 안아달라고 부탁했다. 그녀의 충동적인 요구는 억압되어온 갈망을 드러낸다. 그러한 갈망은 명확하게 표현되고 수용되고 검토되어야 한다. 그녀는 용기 있게 욕구를 표현함으로써, 자신의 갈망을 새롭게 발견할 수 있었다. 다음 도전은 세상 속으로 나가 그녀가 원하는 것을 얻는 것이다.

싸워야 할 때와 떠나보내야 할 때를 구별하는 것은 인생에서 필요한 균형 감각이다. 유연하고 여유 있는 생각과 태도를 가진 사람들은 싸워야 할 때와 떠나보내야 할 때를 정확하게 구별하고 판단한다. 떠나보내는 것이 최선일 때도 있지만, 인내하며 싸우는 것이 최선일 때도 있다. 대부분의 사람은 싸우는 것보다 떠나보내는 것을 선택한다. 당신이 대체로 완강하게 싸우는 방법을 선택하는 성향을 가지고 있다면, 떠나보내는 연습을 통해 자유를 경험해야 한다.

슬픔에 대응하는 방법은 다양하다. 한 가지 방법은 원하는 것을 얻기 위한 싸움의 속도와 강도를 높이는 것이다. 가능성이 있을 때 무기력하게 앉아서 울고 있는 것은 어리석은 태도다. 중요한 것은 가능한 일과 가능하지 않은 일을 명확하게 분별하는 지혜다. 리처드 니버(Richard Neibuhr)의 '평온을 비는 기도'는 그러한 지혜를 간구하고 있다.

'주여, 우리에게 바꿀 수 없는 것을 평온하게 받아들이는 은혜와 바꿔야 할 것을 바꿀 수 있는 용기, 그리고 이 둘을 분별하는 지혜를 허락하소서.'

노력해도 상황이 달라질 수 없을 때, 그리고 그것을 얻기 위해 치러야 할 대가가 너무 클 때는 그것을 떠나보내야 한다. 그때 느끼는 슬픔은 두 가지 방법으로 대응할 수 있다. 하나는 긍정적인 생각을 하거나 즐거움을 느낄 수 있는 일을 함으로써 슬픔에 저항하는 것이다. 다른 하나는 슬픔에 편승해서 다른 사람들의 관심과 연민을 얻는 것이다. 슬픔에 완전히 침잠해서 자신이 원하던 것을 떠나보내는 과정을 통과하면, 내면적인 해방감과 앞으로 나아갈 수 있는 용기를 얻게 된다. 두 가지 방법을 교대로 사용할 수 있는 능력을 훈련함으로써 삶에 필요한 유익한 도구를 얻을 수 있다.

나는 우울증을 겪는 내담자들에게 스스로 즐거움을 느낄 수 있는 일을 찾으라고 권유한다. 그들은 그런 활동을 통해 고통을 수용할 수 있는 에너지와 힘을 얻는다.

당신은 자신을 고통스럽게 하는 것에 저항하며 살고 있는가? 그렇다면 고통의 한가운데로 들어가서 고통을 완전히 수용하고 울음으로 쏟아내야 한다. 반대로 항상 어두운 감정에 빠져서 헤어 나오지 못한다면, 즐거움을 느낄 수 있는 일을 찾아 어두운 감정에 저항해야 한다.

한 가지 방법이 효과가 없을 때는 다른 방법을 시도하라. 시간이 지나면 자신의 감정에 저항하는 방법과 그 감정에 순응하고 충분히 수용하는 방법을 교대로 사용하는 기술을 터득하게 될 것이다.

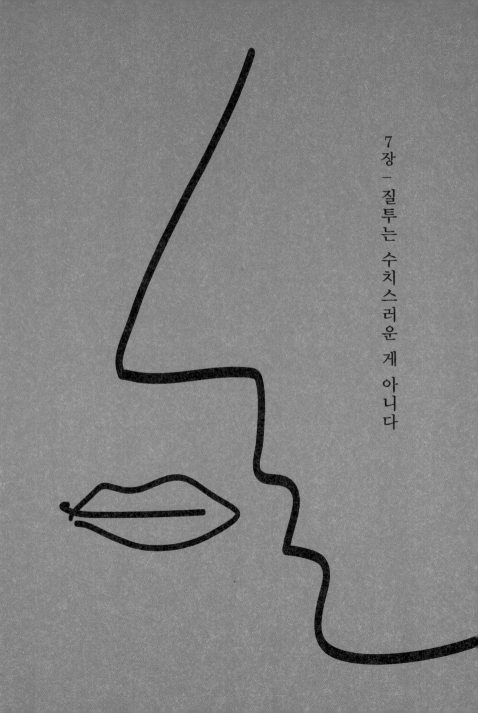

7장 ─ 질투는 수치스러운 게 아니다

질투한다는 사실을 아무에게도 털어놓을 수 없기에
더 외롭고 고통스럽다.

감정에 관한 나의 강의 내용 중에서 질투심은 중요한 부분을 차지한다. 많은 사람이 질투를 부정적인 감정으로 생각하고 도외시한다. 하지만 질투에 긍정적인 측면이 있다는 것을 깨달을 때, 그들은 마음속에 은밀하게 감춰둔 질투의 감정을 꺼낼 용기를 얻는다.

누군가를 질투하는 것은 고통스러운 경험이다. 그러나 그것에 대해 당신이 할 수 있는 일은 아무 것도 없다. 질투는 당신이 선택한 감정이 아니다. 선택할 수 있다면 질투를 느끼지 않고 살아가는 길을 선택했을 것이다. 질투는 갈망과 욕구, 사용되지 않은 재능이 혼합된 감정이다.

우리가 질투를 느끼는 대상은 내가 원하는 것을 가지고 있거나 하고 싶은 일을 하고 있는 사람들이다.

심리 치료를 받는 사람들 중에는 자신이 원하는 것이 무엇인지 파악하지 못하고 막연한 슬픔의 회색 지대에 갇혀 있는 사람들이 있다. 그들에게 원하는 것이 무엇인지 물으면 대답하지 못한다. 그들 자신도 무엇을 원하는지 모르기 때문이다. 그럴 때 나는 어떤 경우에 질투를 느끼는지 묻는다. 그 질문에 대한 대답 속에서 그들의 억압된 갈망을 여는 열쇠를 찾을 수 있다.

사실 내가 심리 치료사가 되기로 결심한 것은 질투심 때문이었다. 친구 중 한 명이 심리 치료 클리닉을 운영하고 있었다. 그 친구가 자기 일에 대해 이야기할 때마다 마음속으로 강렬한 질투를 느꼈다. 친구를 질투한다는 사실이 나를 더욱 고통스럽게 만들었다. 친구의 행복을 기뻐할 수 없는 나 자신이 부끄럽고 수치스러웠다. 나는 심각한 고민에 빠졌다. 오랫동안 갈등과 번뇌의 시간을 보낸 후, 내가 좋아하고 재능을 발휘할 수 있는 일을 하기로 결정했고 그때까지 하던 일을 그만두었다. 그것은 질투심 때문에 고통스러워하던 나에게 주어진 보상이었다.

욕망을 들여다봐라

+

덴마크의 심리 치료사, 작가, 신학자인 벤트 포크(Bent Falk)는 질투심을 우리의 갈망과 사용되지 못한 재능으로 안내하는 지뢰 탐지기라고 말했다. 질투심은 자신이 갖지 못한 것에 대한 갈망과 사용되지 못한 채 묻혀 있는 재능을 감추고 있다. 자신이 갈망하는 것을 구체적으로 파악하면, 질투심에 어떻게 반응해야 하는지 알 수 있다.

내담자였던 옌스는 부유한 사촌 형에 대한 시기와 질투로 고민하고 있었다. "나는 아무리 노력해도 그 형처럼 부자가 될 수 없을 겁니다. 그건 내 능력 밖의 일이죠." 그러나 그의 내면을 깊이 들여다보면 부유한 사촌 형에 대한 질투심이 담고 있는 메시지를 읽을 수 있다.

부유함이 질투의 대상이 되는 이유는 무엇일까? 옌스가 부자를 부러워하는 이유는 두 가지였다. 그는 부자는 일을 많이 하지 않아도 되기 때문에 자유로운 삶을 살 수 있다고 생각했다. 그리고 그는 다른 사람들에게 자신이 운이 좋은 사람으로 인식되기를 원했다. 부자를 질투하는 이유를 깨달은 옌스는 고민 끝에 살고 있던 아파트를 팔고 좀 더 싼 아파트로 이사했다. 그렇게 생활비를 줄였다. 그에게 중요한 것은 비싼 아파트가 아니었다. 그리고 그는 상사에게 무급 휴가와 휴일을 요구했다. 옌스는 자신이 새롭게 발견한 자유를 누릴 수 있었다.

남들에게 운이 좋은 사람으로 인식되기를 바라는 심리는 충격적인 사건이 남긴 후유증이었다. 그는 학교에 다닐 때 한동안 친구들에게 심한 괴롭힘을 당했다. 결국 옌스의 부모님이 그 사실을 알게 되었고, 그는 다른 학교로 전학했다. 그 이후 옌스는 그 일을 아무에게도 말하지 않았다. 그것은 떠올리기 싫은 고통스러운 기억이었다. 옌스는 그런 일을 겪은 적이 없는 사람처럼 살고 싶었다. 그러나 불행한 일을 당하거나 운이 나쁜 일이 생길 때마다 학교 운동장에서 괴롭힘을 당한 기억이 떠올랐다. 그 기억은 옌스를 무기력함과 외로움에 빠지게 했다. 부유한 사촌 형을 만날 때마다 그 기억이 떠올라 고통스러웠다.

다행스럽게도 옌스는 심리 치료를 통해 외상 후 장애를 치료할 수 있었다. 그 이후 옌스는 자신이 다른 사람들보다 더 운이 좋고 행복한 사람으로 인식되고 싶은 욕망을 느끼지 않았다. 자신의 눈높이에서 사람들을 만나고, 그들과 편안한 관계를 맺을 수 있었다. 옌스는 자신의 욕망을 객관적인 시선으로 볼 수 있게 되었다.

파괴하고 싶은 욕망

+

질투는 여러 가지 기본적인 감정이 포함된 복합적인 감정이다. 그러나 그중에서 가장 강렬한 감정은 슬픔이다. 슬픔은 자신이 갈망하는 것을 갖지 못하는 비통함을 내포한다. 슬픔은 또한 분노의 감정을 담고 있다. 누군가 당신이 가지고 있지 않은 것에 대해 이야기하면 불편한 감정을 느낄 것이다. 그것은 그 사람이 가지고 있는 것을 파괴하고 싶은 강렬한 충동으로 변할 수도 있다.

파괴하고 싶은 욕망이 그 자체로 위험한 것은 아니다. 정신적인 질병을 앓고 있거나 술이나 약에 취한 상태가 아니라면, 그런 충동을 행동으로 옮기는 사람은 드물다. 당신의 가치관은 그런 행동을 하도록 내버려두지 않을 것이다. 나쁜 행동을 하려는 충동을 수용한다고 해서 그런 행동을 할 가능성이 증가하지는 않는다. 오히려 그 반대다. 자신의 감정을 정확하게 파악하면 그 감정으로 인한 행동을 적절하게 통제할 수 있다.

질투심에는 기쁨의 요소도 포함되어 있다. 질투하는 대상의 행복을 함께 느끼고, 당신이 그것을 얻었을 때의 기쁨을 미리 만끽할 수 있다.

많은 사람이 질투의 감정을 부정적으로 생각하고 질투하는 사람을 비난한다. 질투심은 누군가를 질투하는 것으로 끝나지 않는다. 질투를 느끼는 사람은 그러한 자신을 책망한다. 질투심을 누구에게도 털어놓을 수 없기 때문에 더 큰 외로움과 고통을 느끼게 된다.

누군가에게 질투를 느낀다면 질투의 감정 안에서 당신의 잠재력을 발견해야 한다. 그리고 그 잠재력을 당신의 삶 속에서 발휘할 수 있도록 상대방의 연민과 지지를 얻어야 한다.

솔직하게 터놓고 이야기하자

+

질투심 때문에 관계가 깨지는 것은 질투를 느끼는 사람이 자신의 감정을 솔직하게 털어놓고 대화하려는 시도를 하지 않기 때문이다. 질투를 느끼는 사람은 질투한다는 사실을 수치스러워하기 때문에 남에게 그 감정에 대해 이야기하는 것을 금기 사항으로 여긴다.

그러나 질투심에 대해 열린 태도로 대화를 나눌 때 문제가 해결되는 경우가 많다. "나는 너 때문에 행복하지만 한편으로는 고통스러워. 너의 행운이 나에게도 찾아왔으면 좋겠어", "네가 새로운 애인에 대해 이야기할 때마다 부러움과 시기심 때문에 힘들어. 너의 행복을 순수한 마음으로 기뻐하고 싶지만 그게 잘 안 돼."

솔직하게 질투의 감정을 털어놓으면 자신이 원하는 것

을 얻을 수 있는 방법에 대해 허심탄회한 대화를 할 수 있다. 질투를 느끼는 대상이 가지고 있는 것을 얻을 수 있다는 믿음이 생기면 질투는 새로운 에너지를 얻는다. 자신의 가능성을 확신할 때 질투의 감정은 저절로 줄어든다.

질투의 대상이 되는 사람이 먼저 대화를 시작해야 하는 경우도 있다. 질투를 느끼는 사람은 자신의 감정을 수치스러워하기 때문에 대화를 시작하기 힘들다. 그럴 때는 질투의 대상이 되는 사람이 먼저 대화를 시작해야 한다. "내 행운에 대해 이야기할 때 우리 사이에 거리감이 느껴져. 네가 낯선 사람이 된 것 같아. 그런 이야기를 들으면 네가 많이 힘들 거라는 건 나도 충분히 이해해."

강렬한 질투심 때문에 우정의 관계가 단절되는 경우도 있을 것이다. 친구나 동료가 당신이 원하던 자리로 승진했을 때, 그의 행운을 가까운 곳에서 지켜보는 것은 매우 고통스러운 일이다. 당분간 그 사람을 만나지 않는 것도 해결책이 될 수 있다. 몇 달 혹은 몇 년 후 마음이 정리되면 다시 관계를 시작할 수도 있다.

배우자를 잃은 사람들은 상실의 초기 단계에서 행복한

부부를 만나는 것을 힘들어한다. 그들의 모습을 보면 상처를 들쑤시는 것 같은 고통을 느끼기 때문이다. 그러나 시간이 지나면 상처가 어느 정도 아물기 때문에 행복한 부부의 모습을 담담하게 지켜볼 수 있다.

질투를 당하는 사람도 고통을 느낀다. 성공한다는 것은 어떤 의미에서 외로운 일이다. 비슷한 재능을 가지고 있고, 같은 목표를 꿈꾸는 사람들은 성공한 당신과 함께 있는 자리를 피하려고 할 것이다. 그것은 당신이 성공의 대가로 감수해야 하는 아픔이다.

원 하 는   것 을   얻 거 나 ,   포 기 하 거 나

+

질투를 부정적인 감정으로 여기는 사람들은 누군가를 질투하는 것은 옳지 않은 일이라고 생각한다. 그러나 우리는 자신이 느끼는 감정을 도덕적으로 판단할 수 없다. 원하는 감정을 선택할 수도 없다. 자신이 느끼는 감정 중에서 어떤 감정은 수용하지 않기로 결정할 수 있을 뿐이다. 자신의 감정을 수용하지 않는 것은 그 감정을 억압하는 형태로 나타날 수 있다. 억압은 삶의 방향 감각과 활력과 목표 의식을 상실하게 만든다.

그러나 우리는 자신의 감정에 어느 정도 영향을 미칠 수 있다. 질투를 느끼지 않기를 원한다면, 당신이 원하는 것을 얻어야 한다. 원하는 것을 얻는 것이 불가능한 경우에는 그것을 단호하게 포기하고, 철저히 애도하고 성취할 수 있는 다른 목표를 설정해야 한다.

원하는 것을 얻을 수도 없고, 포기할 수도 없다면 혼자 고민하지 말고 심리 치료사나 코치와 대화를 나누는 것도 좋은 방법이다.

질투의 대상이 되고 싶은 심리

+

나는 어린 시절 새엄마의 사랑을 독차지하는 이복동생을 무척 시기했다. 어느 날, 친엄마의 집을 방문했을 때 나는 멋진 물건을 잔뜩 가지고 와서 그것들을 작은 상자에 넣고 사이사이에 은박지와 솜을 가득 집어넣었다. 포장을 푸는 데 시간이 많이 걸리게 하려는 속셈이었다. 나는 이복동생이 보는 앞에서 의기양양하게 상자 속에 들어 있던 물건들을 하나씩 풀었다. 그때 동생이 나를 부러워했는지 아닌지는 기억나지 않지만, 동생의 질투를 불러일으키려던 내 속셈은 분명하게 기억난다.

다른 사람의 질투의 대상이 되고 싶은 심리에는 여러 가지 동기가 숨어 있다. 그것은 복수의 한 방법일 수도 있고, 수동적인 공격의 한 형태일 수도 있다. 어른들이 그런 방법을 사용하면 원하는 결과를 얻기 힘들다.

질투의 대상이 되고 싶은 심리는 자신의 입장을 견지하고, 타인에게 자신이 원하는 방식으로 인식되기 위한 방법일 수도 있다. 아니면 단순히 다른 사람들의 부러움을 사고 싶은 욕구일 수도 있다.

남들의 부러움을 사는 것에 유달리 집착하는 사람들이 있다. 그들은 다른 사람이 자신에게 보내는 감탄과 사랑을 혼동하고 있는지도 모른다. 어릴 때 누군가로부터 감탄은 많이 받았지만, 사랑은 충분히 받지 못한 것이 원인일 수도 있다.

평소에는 질투를 별로 느끼지 않지만 특정한 사람과 함께 있을 때 유독 그런 감정을 느낀다면, 상대방이 당신의 질투심을 자극하기 위해 성공을 과시하고 자랑하기 때문일지도 모른다. 그런 경우 질투심은 질투하는 사람보다 질투를 당하는 사람에 대해 더 많은 메시지를 준다.

퍼는 항상 자신의 성공을 과장된 제스처를 사용하면서 과시하는 형의 이야기를 들어주어야 했고, 그것 때문에 심한 스트레스를 받고 있었다. 그는 자신의 내면에 형을 질투하는 마음이 숨어 있는지도 모른다고 고백했다. 나는 형이 성공담을 이야기할 때 두 사람 사이에 어떤 감정의 교류가 형성되는지 물었다. 형인 야콥은 퍼의 내면에 대해서는 전혀 관심이 없었다. 그는 퍼의 눈에서 자신의 성공에 대한 긍정적인 반응과 칭찬을 발견하기를 원했다. 퍼는 그런 형의 기대에 부응하지 못하는 자신을 자책했다.

상호 이익 관계가 형성되지 않을 때 한쪽이 단지 반응의 도구로 이용되는 것은 당사자에게 결코 유쾌한 경험이 아니다. 누군가가 자신의 성공에 대해 이야기할 때 느끼는 불쾌한 감정은 질투심이 아니라, 반응의 도구로 이용되는 것에 대한 불만일 수도 있다. 서로 동의한 일이 아니라면, 자신이 상대방의 도구로 이용되는 것을 좋아할 사람은 없을 것이다.

퍼는 야콥과 함께 보내는 시간을 줄이기로 결심했다. 그는 형에게 느끼는 불쾌한 감정을 스스로 비난하지 않고, 한 번에 오랜 시간 퍼의 이야기를 들어주는 고통을 감수하지 않기로 결정했다. 결과적으로 퍼는 형과 긍정적인 관계를 유지하기 위해 필요한 에너지를 얻을 수 있었고, 야콥이 절실하게 원하는 자신의 성공에 대한 칭찬과 반응을 보여줄 수 있었다.

버림받는 것에 대한 두려움

+

　많은 사람이 질투심을 수치스러운 감정으로 여기고 질투하는 자신을 비난한다. 때로는 질투를 느낀다는 것 자체를 부정하기도 한다. 선택할 수 있다면 누구나 질투를 느끼지 않기를 원할 것이다. 그러나 그것은 우리가 선택할 수 있는 일이 아니다. 질투를 느끼는 대상과 더 편안한 관계를 유지하도록 노력할 수 있을 뿐이다. 연인이나 배우자에게 질투를 느끼는 경우가 많지만 형제나 자매, 부모, 친구도 그 대상이 된다.

　질투는 기본적으로 누군가와의 경쟁에서 질 것을 두려워하는 감정이다. 질투의 대상은 사람이 아닐 수도 있다. 배우자가 텔레비전이나 직업, 취미를 당신보다 더 좋아한다고 느낀다면, 그것이 질투의 대상이 될 수 있다.

　부러움과 질투심은 분노, 슬픔, 행복이라는 기본적인 감정을 포함하고 있다는 점에서 서로 닮은 감정이다. 차이점은 질투심은 버림받는 것에 대한 두려움을 내포하고 있다는 점이다.

일반적으로 사람들은 분노보다 불안감이나 두려움을 더 힘든 감정으로 경험한다. 경쟁 상대나 다른 사람에게 관심을 보이는 배우자에게 분노를 느낄 때, 대부분의 사람들은 자신이 두려움을 느끼고 있다는 것을 거의 인지하지 못한다. 하지만 자신이 느끼는 두려움을 인정하고 상대방에게 표현한다면, 분노의 감정을 드러낼 때보다 더 긍정적인 반응을 이끌어낼 수 있다.

상대가 중요한 존재임을 확인시켜주자

+

질투는 수치스러운 감정이 아니라는 것을 인식해야 한다. 수용적인 분위기에서 당신이 느끼는 질투의 감정을 솔직하게 이야기하는 태도가 필요하다.

질투를 느낀다는 것은 어떤 형태로든 딜레마를 겪고 있다는 것을 암시한다. 그럴 때는 당신의 감정적인 어려움을 드러내고 함께 해결 방법을 찾을 수 있도록 요청해야 한다.

"내가 집을 떠날 때 당신이 힘들어하는 모습을 보면 모든 일을 취소하고 싶어져. 곁에 있으면서 당신이 행복해하는 모습을 보고 싶어. 그렇지만 지금 진행하고 있는 프로젝트는 내게 정말 중요한 일이야. 그 일을 포기하면 심한 좌절감에 빠질 거야. 그렇게 되면 당신도 내 곁에 있는 걸 싫어하게 될지도 몰라."

당신의 연인이나 배우자가 자신이 중요한 존재이고, 당신이 무언가를 결정하는 데 중요한 고려 대상이라는 것을 확인한다면 질투심은 저절로 사라질 것이다.

민감할수록 더 빨리 알아차린다

+

다른 사람들보다 질투심을 더 많이 느끼는 사람은 일반적으로 자신의 감정을 더 민감하고 깊게 느낀다. 또 자존감이 낮은 사람은 자존감이 높은 사람보다 더 쉽게 질투를 느끼는 경향이 있다. 자신이 매력적이지 않다고 생각하는 사람은 다른 사람에게 뒤지는 것에 민감한 반응

을 보인다. 자존감이 낮은 사람은 자신보다 뛰어나다고
생각하는 사람에게 쉽게 질투의 감정을 느낀다.

　질투심 때문에 갈등을 겪는 본인이 상담을 요청하는
경우도 있지만, 그의 연인이나 배우자가 상담 치료를 받
는 경우도 종종 있다. 질투심은 질투를 느끼는 본인보다
두 사람의 관계에 대해 더 많은 메시지를 던져준다. 관계
에 문제가 있다는 것을 감지하는 사람은 대부분 두 사람
중에서 더 민감한 쪽이다. 그는 따뜻한 감정의 교류가 식
어가는 것을 먼저 느끼고 반응한다. 두 사람의 관계에 질
투심이 끼어들기 시작하면, 서로 솔직하게 감정을 털어놓
고 건강한 관계를 유지하기 위한 관심과 노력의 필요성
을 인식해야 한다. 질투심의 원인이 낮은 자존감에 있다
면 그 문제를 먼저 해결하는 것이 중요하다.

질투심을 수치스럽게 생각하면 자신이 질투를 느낀다는 것을 충분히 인지하지 못하게 된다. 질투심은 어두운 곳에서 밝은 곳으로 드러나게 해야 한다. 당신이 느끼는 질투심에 대해 이야기하고, 자신의 삶 속에서 결핍된 것이 무엇인지 찾아내라. 그리고 그것을 얻을 수 있는 방법을 발견하라. 노력해도 얻을 수 없을 때는 슬픔을 완전히 수용하고, 갈망하던 것을 떠나보내야 한다. 질투심으로 인해 우정이나 관계가 깨졌을 때는 상대방에게 당신의 감정을 솔직하게 털어놓아야 한다. 질투심 때문에 우정을 깨뜨린 사람이 당신일 수도 있고 상대방일 수도 있다. 관계를 회복하기 원하는 사람이 먼저 질투의 감정에 대한 대화를 유도하고, 관계 회복의 기회를 만들어야 한다.

질투는 기본적으로 누군가와의 경쟁에서 질 것을 두려워하는 감정이다. 낮은 자존감도 질투의 원인이 될 수 있다. 질투심은 다른 사람과의 관계를 돌보고, 시간과 노력을 투자하라는 메시지를 던져준다. 질투심을 느끼는 것에 대한 죄책감을 버리고 솔직하게 대화를 나눌 수 있다면, 문제를 해결하는 길에 들어선 것이다.

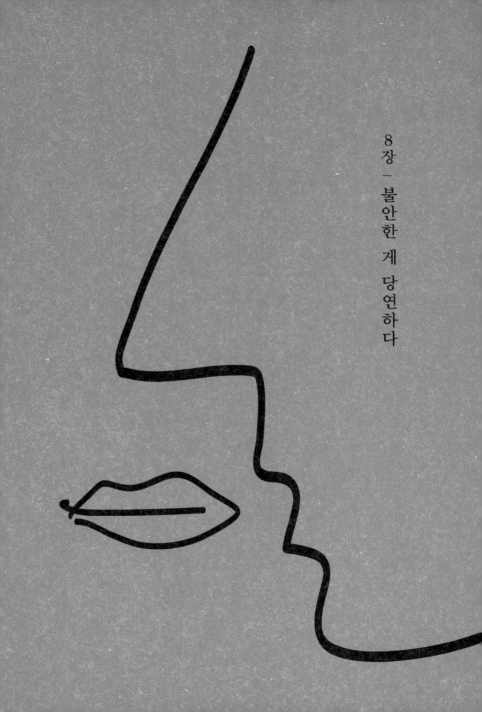

8장 ─ 불안한 게 당연하다

우리가 오늘 선택한 것의 결과는 오랜 시간이 지나야 알 수 있다.

두려움은 인간의 자연스러운 감정이다. 간혹 두려움을 잘 느끼지 못하는 사람도 있지만, 그런 사람들은 무모해서 자신을 위험에 빠뜨리기 쉽다.

두려움은 가벼운 불안감에서부터 극도의 공포심에 이르는 넓은 범위의 감정을 포함한다. 어떤 내담자들은 평소에 별로 불안한 감정을 느끼지 않는다고 말한다. 그러나 불안이 실제로 어떤 감정인지 설명하면, 자신에게 나타나는 증상이 불안의 한 형태라는 것을 인식하고 적잖이 놀란다.

다음은 불안감의 다양한 정도를 나타낸 것이다.

불안의 단계

심계 항진

흉부 압박감

호흡 곤란

떨림

땀

다리에 힘이 빠짐

현기증

음식을 삼킬 때 목이 아픔

초조함

긴장

걱정

마음이 안정되지 않음

가벼운 불안감

전혀 두려움을 느끼지 않는다고 주장하는 사람들은 실상을 왜곡하고 있는 것이다. 삶은 실제로 위험하다. 언제 어떤 위험에 처할지, 언제 죽을지 아무도 모른다. 인간은 모두 내일 어떤 일이 일어날지 알지 못한다. 우리가 오늘 선택한 것의 결과는 오랜 시간이 지나야 알 수 있다. 그러므로 어느 정도의 불확실성은 삶의 자연스러운 일부분으로 받아들여야 한다.

경고일까, 신호일까

+

불안감은 무언가 위험한 것이 존재한다는 것을 알려주고, 그것으로부터 벗어나라고 경고하는 신호일 수 있다. 반대로 어떤 것이 당신에게 매우 큰 의미를 가지고 있으니 그것으로부터 벗어나지 말고 오히려 그쪽을 향해 움직여야 한다는 암시일 수도 있다.

불안감이 전혀 없는 상태를 0, 최고로 불안감을 느끼는 상태를 10이라고 하면, 나는 첫 강의를 앞두고 8 정도의 불안감을 경험했다. 그것은 그 전날 메스껍고 호흡하기 힘든 증상으로 시작되었다. 강의를 시작하기 10분 전에는 가슴이 두근거리고 땀이 나고 호흡하기조차 힘들었다.

그때 나는 강사의 길을 포기할 수도 있었다. 그러나 내 생각을 많은 사람에게 전하고 싶은 열정이 있었고, 그 일이 내 삶에서 큰 의미를 갖고 있었기 때문에 포기하는 대신 불안감과 더불어 살아가는 삶을 선택했다.

첫 강의를 한 지 9년이 흘렀다. 지금도 강의를 하기 전에 가끔 불안과 두려움이 엄습할 때가 있다. 그러나 그런 고통보다 내가 하는 일에 대한 열정과 기쁨이 훨씬 더 크기에 나는 계속 이 길을 가고 있다.

불안감 때문에 생활하기 힘들고, 생각을 제대로 표현할 수 없을 정도라면 상담 치료를 받을 필요가 있다. 몇 회의 인지요법으로 심한 불안감을 치료하는 경우도 있고, 상담을 통해 불안감을 극복하는 다양한 방법을 터득할 수도 있다.

인지요법이 실제로 모든 문제를 해결해주지는 않지만, 내면에 억압되어 있는 감정을 풀어줌으로써 다른 분야에서 문제를 해결할 수 있도록 도움을 주기도 한다.

불안감은 그 자체로는 위험하지 않다. 불안감 때문에 죽는 사람은 없다. 불안감은 위험이 가까이 다가온 것을 감지할 때 당신의 몸에 어떤 움직임을 일으킬 수 있다. 불안을 느끼는 사람은 그 대상으로부터 도망치거나 맞서 싸울 준비를 한다. 불안감의 원인을 정확하게 파악하고, 몸이 일으키는 변화를 편안하게 받아들일 수 있다면, 당신의 불안감은 이미 줄어들기 시작했을 것이다.

———————— ⌀ ————————

불안을 느끼는 것은 자연스러운 현상이다. 불안감은 무언가 위험한 일이 일어나고 있으니 서둘러 도망가라는 신호일 수 있다. 아니면 당신이 중요한 어떤 것에 다가가고 있다는 사인일 수도 있다. 그럴 때는 불안으로부터 도망치지 말고, 수용하고, 그것을 향해 움직여야 한다.

불안과 동반해서 일어나는 몸의 감각에 익숙해질수록 불안감을 더 편안하게 느끼게 될 것이다. 가장 좋은 방법은 불안감과 친구가 되는 것이다. 불안을 수용하고, 그것이 존재하도록 허용하라. 그러나 불안이 당신이 할 일과 하지 않을 일을 결정하는 근본적인 이유가 되어서는 안 된다.

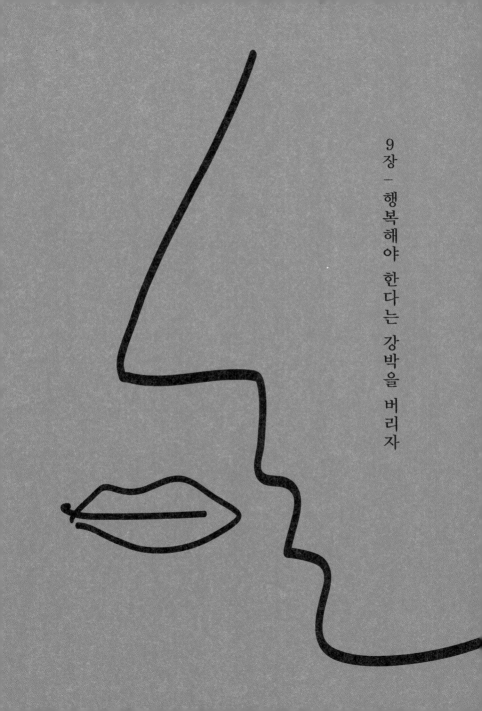

9장 ─ 행복해야 한다는 강박을 버리자

누군가 당신을 보며 웃는다고 해서
그 사람이 내면 깊은 곳까지 행복하다고는 확신할 수 없다.

지금부터는 행복의 실제적인 모습에 대해 이야기하려고 한다.

오늘날 행복은 남들에게 과시하기 위한 전시품이 되어가고 있다. SNS의 프로필은 자신이 얼마나 행복한가를 자랑하는 공간이 되었다.

양로원에 있는 한 할머니는 나에게 이렇게 말씀하셨다. "나는 항상 행복해. 아니, 행복해야 해. 그렇지 않으면 아무도 날 보러오고 싶어 하지 않을 테니까."

기쁨이 퍼져나가는 원리

+

누군가 당신을 보며 웃는다고 해서 그 사람이 내면 깊은 곳까지 행복하다고는 확신할 수 없다. 미소는 여러 가지 의미를 담고 있을 수 있다. 당신에 대한 친절을 의미할 수도 있지만, 미소는 단지 가면에 불과하고 그 안에 '내가 얼마나 잘하고 있는지 봐', '내가 얼마나 훌륭한 사람인지 봐'라는 과시욕이 담겨 있을 수 있다. 아니면 불안감과 분노를 감추기 위한 도구로 사용될 수도 있다.

어떤 사람의 행복한 모습을 볼 때 어쩐지 불편하게 느껴진다면, 그것은 그의 행복이 진실이 아니기 때문일지도 모른다. 남들에게 과시하기 위한 행복을 접하면 우리는 불편한 감정을 느끼게 된다. 그러나 내면 깊은 곳에서 우러나는 행복은 주변 사람들마저 행복하게 만든다.

분노는 대체로 자기 자신에게 집중하게 만들지만, 진정한 행복은 감정을 부드럽게 만들고 마음을 열어준다. 카렌 블릭센(Karen Blixen, 덴마크의 소설가) 원작, 가브리엘 악셀(Gabriel Axel) 감독의 「바베트의 만찬 Barbette's Feast」이라는 영화는 행복한 분위기가 사람들을 어떻게 변화시키는지 선명하게 보여준다.

바베트는 검소하게 살아가는 노르웨이 신도들을 저녁 식사에 초대한다. 그녀가 초대한 손님들은 경제적으로 가난할 뿐 아니라 삶의 에너지와 즐거움이 메말라버린 사람들이다. 바베트는 많은 돈과 오랜 시간을 들여서 정성껏 만찬을 준비한다. 먹음직스러운 음식이 나오고, 파티는 점점 따뜻하고 행복한 분위기로 바뀌어간다. 손님들은 만찬을 즐기면서 풍성한 기쁨을 느끼고, 자신의 삶을 더 풍요롭게 만들 수 있는 에너지를 공급받는다. 그들 사이에 쌓여 있던 오래된 적대감은 사라지고, 사랑과 이해의 감정이 퍼져나간다. 마지막 장면에서는 모두가 손을 잡고 춤을 춘다. 이 영화는 사람들의 기쁨에 투자할 때 그 기쁨이 반향을 일으키면서 다른 사람들에게로 퍼져나가는 원리를 보여준다. 강물에 돌을 던지면 물결이 원을 그리면서 멀리 퍼져나가는 것처럼.

즐거움이 부족하면 피로해진다

+

더 많은 행복을 느끼면서 살기 원한다면 하루를 계획할 때, 즐거움을 느낄 수 있는 시간을 확보해야 한다. 사랑하는 사람들과 함께 즐거움과 기쁨을 느낄 수 있는 시간을 할애하고, 그들에게 필요한 공간을 제공하라. 즐거움은 전염성이 강한 감정이다.

기쁨과 즐거움이 부족하면 쉽게 피로를 느낀다. 이럴 때 휴식과 수면은 도움이 되지 않는다. 피로하다는 건 즐거움의 지표가 낮다는 증거다. 그럴 때 당신에게 필요한 것은 수면이 아니라 즐거운 경험이다.

다음에 나오는 행동 분석표를 활용하면 삶에서 느끼는 즐거움의 지표를 점검해볼 수 있다. 일주일 동안 당신의 행복을 분석하고, 1에서 10까지의 등급을 매겨라. 일주일 동안은 오로지 자신의 행복에 초점을 맞추어야 한다. 행복감이 증가할 때마다 표 안에 숫자를 적고, 그 숫자 옆에 당신이 한 일이나 당신을 기쁘게 만든 일을 메모하라. 예를 들어 말끔하게 깎인 잔디 4, 안부를 묻는 딸의 전화 7,

크고 밝은 해가 뜸 3. 일주일이 끝나면 표를 토대로 일상
생활 속에서 충분한 행복감을 느끼고 있는지, 아니면 행
복을 증가시키기 위해 더 노력해야 하는지 판단하라.

더 많은 즐거움이 필요하다고 생각하면 다음의 활동을
참고하라.

- 나에게 꽃 한 다발을 선물한다.
- 산책하면서 풀과 나무 향을 맡는다.
- 보고 싶었던 영화를 보러 간다.
- 예술 작품을 감상한다.
- 초를 켜고, 좋아하는 음악을 들으면서 식사를 한다.

즐거움을 주는 활동 목록을 만들고 눈에 보이는 곳에
걸어두는 것도 좋은 방법이다. 스트레스를 심하게 받을
때는 어떤 활동을 해야 할지 생각나지 않을 수도 있다. 그
럴 때 눈에 잘 뜨이는 곳에 목록을 놓아두면 도움이 된다.

주간 스케줄을 검토하면서 즐거움을 주는 활동에 대
한 아이디어를 얻을 수 있다. 당신에게 가장 큰 즐거움을

행동 분석표

	아침	늦은 아침	점심	오후	저녁 밤
월		회사에서 인정받음 7	동료가 내게 조언을 요청함 3		
화	테라스에서 커피 마시기 4		가볍게 산책함 6	곤란한 상황에서 싫다고 말함 4	엄마의 전화 6
수		지인의 초대를 받음 5	햇볕을 받으며 낮잠 자기 8	서재에서 새로운 책을 고름 3	침대에 누워 딘의 노래를 들음 9
목		보고서를 끝냄 7	옌스에게서 달콤한 메시지를 받음 6	갖고 싶었던 물건이 할인 중 3	
금	집에서 만든 쿠키 3		맛있는 점심 식사 4	주말이 곧 시작됨 6	달과 별 바라보기 7
토		청소 3		오랜 시간 목욕하기 4	춤추기 8
일	침대에서 뒹굴기 9		나무에 꽃이 피었음 3		비밀스러운 대화 6

주는 활동과 장소에 집중하라. "나를 가장 행복하게 하
는 일은 무엇인가?", "내가 그 일을 더 많이 할 수는 없을
까?" 이 질문들에 대한 당신의 답은 무엇인가?

누군가를 기쁘게 한 경험은 잊히지 않는다

+

긍정적인 감정을 수용하는 또 다른 방법은 스스로 만
족감을 느낄 수 있는 일을 하는 것이다. 자신의 행동에 대
한 긍정적인 느낌에는 두 가지가 있다. 초콜릿을 넣은 따
뜻한 커피 한 잔을 마실 때와 어떤 일을 잘 처리했을 때
느끼는 감정은 둘 다 긍정적이지만 분명한 차이가 있다.

첫 번째는 상대적으로 짧은 기간 지속되고 빨리 잊히
지만, 두 번째는 다른 사람들이 당신이 성취한 일로부터
즐거움을 느끼기 때문에 더 오래 지속된다. 이웃의 주차
장 진입로 앞에 쌓인 눈을 치워주었을 때, 그가 무척 기뻐
했던 기억은 일 년 후에도 잊히지 않는다. 당신은 그 일을
생각할 때마다 긍정적인 감정을 느낄 수 있을 것이다. 십

년 후에도 당신의 마음속에 그때의 기억이 남아 있을지
도 모른다.

나는 목사로서 견진성사(가톨릭 교회의 7성사 중 세례성사 다음
에 받는 의식) 지원자들을 가르칠 때 누군가를 행복하게 하
고 자기 자신도 만족감을 느낄 수 있는 일을 과제로 내준
다. 다음 수업 시간에 그들은 각자 자신이 한 일을 발표한
다. 그때 방 안에는 즐거움과 기쁨의 바이러스가 퍼져나
간다. 어떤 사람은 오랜만에 동생을 만나 그의 이야기를
들어주었고, 어떤 사람은 동료의 일은 분담해주었으며,
또 어떤 사람은 정원의 잔디를 깎아 부모님의 일손을 덜
어주었다. 한 사람씩 자신이 한 일을 발표할 때마다 그들
의 얼굴은 점점 더 큰 만족감과 즐거움으로 빛나고, 방 안
의 분위기는 밝고 따뜻해진다.

───────────●───────────

일상생활 속에서 긍정적인 감정을 더 많이 느끼기 원한다면, 당

신 자신과 다른 사람들에게 즐거움을 주는 일을 하라.

삶이 얼마나 즐거운지 인지하지 못하고 습관적으로 시간을 보내고 있지는 않은가? 그렇다면 이제부터 당신이 하고 싶은 일이나 다른 사람들에게 즐거움을 주고 동시에 만족감을 느낄 수 있는 일을 달력에 적어라.

즐거움을 증가시키는 세 번째 방법은 관계를 개선하는 것이다. 개인의 행복은 우정과 관계에 크게 의존하기 때문이다.

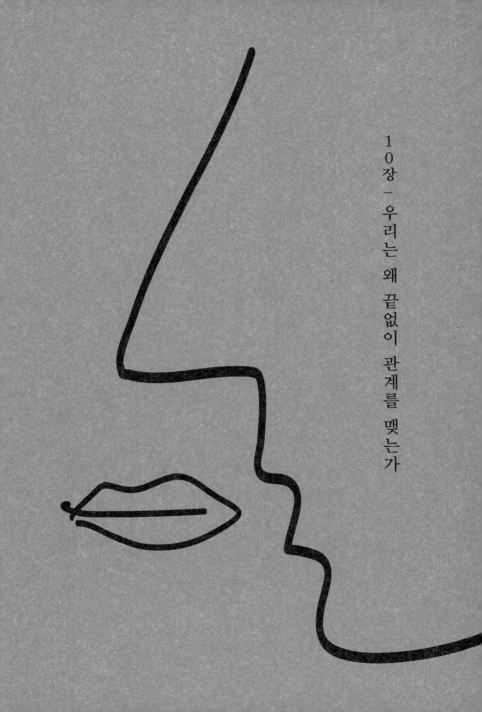

10장 ― 우리는 왜 끝없이 관계를 맺는가

고통은 기쁨의 웅덩이를 파내어 더 큰 기쁨의 공간을 만든다.

주변 사람들과 좋은 관계를 맺을 때 일상에서 더 큰 행복을 누릴 수 있다. 형제자매, 부모, 자녀, 배우자와의 관계 때문에 고민하는 내담자들은 솔직하게 감정을 표현하는 것이 관계에 도움이 되는지 아니면 오히려 관계를 더 위태롭게 하는지 궁금해한다. 하지만 제삼자나 전문가와 자신의 관계에 대해 대화를 나누는 것만으로도 문제를 파악하고 해결 방법을 찾는 경우도 있다.

어떤 사람들은 상대방과 의사소통이 제대로 이루어지고 있는지 아닌지 고려하지 않고, 혼자 일방적으로 대화를 이끌어간다. 당신이 그런 유형의 사람이고 그런 관계에 만족한다면, 다양한 의사소통 방법을 탐구할 필요가 없다. 피상적인 대화에 만족하지 않고 더 깊은 관계와 대화를 추구한다면, 의사소통의 다양한 단계와 방식에 익숙해져야 한다.

두 사람 사이에 거리감이 있을 때

+

두 사람 사이에 거리감이나 노골적인 적대감이 있을 때는 그 문제에 초점을 맞추거나, 상대방이 즐거운 감정을 갖도록 노력할 수 있다. 첫 번째는 상대방과 그 문제에 대해 솔직하게 대화를 나눔으로써 문제에 초점을 맞추는 방법이다. 대화를 통해 상호 관계 속에서 그들을 화나게 하고 고통스럽게 하는 것이 무엇인지 인식하고, 부정적인 측면에 대한 서로의 책임을 수용하고, 부적절하거나 부당한 자신의 행동에 대해 사과하는 방법으로 절충안을 얻을 수 있다.

그러나 대화를 나누는 것이 항상 가능한 것은 아니다.

슬픔이나 분노의 원인에 대해 대화할 때, 상대방이 완전히 마음을 닫고 받아들이지 않을 수도 있다. 문제에 대한 자신의 책임을 수용하지 않는 사람도 있다. 상대방이 자신의 책임을 받아들일 수 있을 만큼 자아 인식이 강하지 못할 때 관계의 부정적인 측면에 대해 대화하는 것은 두 사람의 문제를 해결하는 방법이 될 수 없다.

　두 번째 방법은 상대방이 긍정적인 감정을 가질 수 있도록 노력하는 것이다. 애인이나 배우자에게 화가 났을 때, 그를 즐겁게 하기 위한 행동을 시도하는 것은 결코 쉬운 일이 아니다. 하지만 긍정적인 효과를 믿고 한번 시도해보자. 상대방에게 키스를 하거나 미소를 지으면서 당신이 좋아하는 그의 성격이나 행동에 대해 말해주자. 그의 반응은 당신의 마음속에 즐거운 감정을 불러일으킬 것이다. 왜 화가 났는지 이유를 잊고, 언급할 필요조차 느끼지 않게 될지도 모른다. 이유에 대해 말한다고 해도 가볍고 차분한 분위기에서 대화를 나눌 수 있을 것이다.

　연인이나 부부 관계에서 문제에 대해 대화하고 싶어 하는 쪽은 대부분 여성이다. 남자들은 꽃을 사거나, 애정을 담아 표현하는 식으로 문제를 해결하려는 경향이 있다. 가장 좋은 방법은 두 가지 전략을 교대로 사용하는 것이다. 하지만 대화를 나누는 것만으로 해결될 수 없는 관계도 있다. 다음 장에서는 이 문제에 대해 더 자세하게 다룰 것이다.

나에게 보내는 작별 편지

+

누군가와의 관계를 개선하기 원하는 내담자에게 나는 편지를 쓰는 방법을 권유한다. 그것은 자기 자신을 위해 쓰는 편지이기 때문에 실제로 그 대상에게 보내지 않아도 된다. 작별 편지를 쓸 때 우리는 상대가 나에게 얼마나 중요한 존재인지 인식하고, 그 사람과 연결된 자신의 감정을 더 깊이 이해하게 된다.

일반적인 편지가 아닌 작별 편지를 쓰는 이유는 더 본질적인 관점에서 관계를 조명할 수 있기 때문이다. 죽음을 눈앞에 둔 사람이 자신의 삶을 되돌아볼 때, 이전에는 명확하게 파악하지 못했던 관계의 의미를 깨닫게 된다.

작별 편지를 쓰는 동안 당신은 한 발 뒤로 물러서서 상대방을 객관적으로 볼 수 있다. 그 거리는 상대를 평소처럼 나의 바람과 욕구로 이루어진 필터를 통하지 않고, 하나의 인격을 가진 존재로서 있는 모습 그대로 볼 수 있게 한다. 그리고 관계의 본질을 이해하고 개선하기 위해 할 수 있는 일이 무엇인지 생각하게 한다.

편지를 쓰고 나서 실제로 편지를 보내고 싶은 생각이 들 때는 다른 편지를 쓰는 게 좋다. 자신의 내면을 이해하기 위해 생각을 여과 없이 표현한 편지와 다른 사람의 마음에 호소하기 위해 쓴 편지는 달라야 한다. 편지를 받는 사람의 입장에서 당신이 쓴 편지를 읽을 때 어떤 느낌을 받을지 상상하라. 당신이 읽어야 할 내용과 상대방이 읽어야 할 내용은 전혀 다르다. 다음에 나오는 편지는 고모가 돌아가신 지 12년 후에 마리안느가 쓴 편지다. 마리안느는 밤마다 고모가 돌아오는 꿈을 꾸었다. 그럴 때마다 가슴이 먹먹해지곤 했다.

작별 편지 쓰기

다음 질문들을 참고로 마음에서 우러나는 편지를 써보자.

- 당신이 잃어버린 즐거움은 무엇인가?
- 당신은 무엇에 감사하고 싶은가?
- 그 사람과의 관계에서 유쾌하지 않은 것은 무엇인가? 당신은 무엇을 없애기 원하는가?
- 당신은 그 사람으로부터 무엇을 얻고 싶은가?
- 당신은 그 관계에서 무엇을 주었는가? 예를 들어 '내가 ~ 했을 때, 그 사람이 행복했던 거 같다', '내가 ~했을 때, 그 사람의 아픔이 줄어들었던 것 같다'라고 생각되는 일은 무엇인가?
- 당신은 무엇을 더 많이 주고 싶은가?
- 당신은 그 사람과 어떤 관계가 되기를 바라는가?
- 오늘 그와 무엇을 함께하고 싶은가?
- 관계에서 당신이 놓쳤던 것은 무엇인가?
- 당신은 그 사람을 위해 무엇을 빌어주는가?

잉가 고모에게

고모가 없었다면 나는 그토록 행복한 삶을 살지 못했을 거예요. 고모는 독창적이고, 활기가 넘치는 분이었어요. 때로는 엉뚱하기도 했지만, 고모와 함께 있으면 전혀 지루하지 않았죠.

외면적으로 고모는 정말 매력적인 사람이었어요. 다른 사람들에게 관심이 많았고, 남의 이야기를 잘 들어주었죠. 고모는 누구나 함께 있고 싶어 하는 그런 사람이었어요. 하지만 고모의 진정한 모습을 아는 사람은 없었을 거예요. 고모가 얼마나 큰 고통을 겪고 있는지, 아무도 몰랐어요.

고모는 가끔 한밤중에 의사를 불러달라고 제게 부탁했어요. 의사에게 케토베미돈(Ketobemidone, 마약성 진통제) 주사를 놔달라고 애원했죠. 그때 나는 의사들이 그 주사를 놔주는 걸 왜 그렇게 주저하는지 이해하지 못했어요. 고모는 더 이상 고통을 견디지 못하고, 성령 강림절 새벽에 호수에 몸을 던졌죠.

고모, 나는 당신이 그 상황에서 할 수 있는 최선의 방법을 선택했다고 생각해요. 할머니처럼 남은 가족을 힘들게 하고 싶지 않았을 테니까요. 고모가 그런 선택을 한 건 심하게 다쳐서 죽은 것도 산 것도 아닌 모습으로 남은 생을 연명하고 싶지 않았기 때문일 거예요. 고모는 그 전날 세 번이나 전화를 해서 나를 조금도 원망하지 않는다고 말했어요. 똑같은 말을 반복하는 고모에게 짜증을 낸 게 너무 후회돼요. 지금은 고모가 진심으로 나를 가엾게 생각해서 그렇게 말했다는 걸 잘 알아요. 당신이 떠난 후 내가 마음 아파할까 봐 걱정했다는 것도요.

고모는 내게 정말 소중한 사람이었어요. 내 가족은 나를 사랑스러운 아이라고 생각하지 않았지만, 고모는 아니었어요. 나와 함께 보내는 시간을 좋아하셨죠. 고모는 내가 하는 일은 뭐든 응원해주었고, 언젠가 멋진 사람이 될 거라고 믿어주었어요. 내게 자연과 고요함을 즐기는 방법을 가르쳐주었고, 아플 때는 정성껏 간호해주었죠. 벽난로에 불을 때고 대화를 나누며 장난치던 시간이 떠올라요. 짧은 모직 바지를 입은 고모의 모습을 보고 얼마나 웃었는지 몰라요.

고모는 어린 나이에 엄마가 된 제게 많은 도움을 주었어요. 그때는 겨우 스물세 살이었고, 내 일에만 신경 쓰느라 고모에게 나의 결혼이 얼마나 큰 상실이었을지 생각하지 못했어요. 고모는 늘 내 잘못을 지적했고, 나 대신 내 딸에게만 사랑을 쏟았어요. 나는 고모가 내 딸을 독점하고 싶어 한다고 생각했고, 마음속에서 고모의 존재를 몰아냈어요. 아이를 공유하려는 욕심 때문에 우리의 관계는 힘들고 고통스러워졌죠.

지금은 고모가 너무 보고 싶어요. 결혼하기 전 애틋했던 관계가 정말 그리워요. 고모가 살아 있어서 지금의 나를 본다면 얼마나 자랑스러울까요. 에바가 자라는 모습을 함께 보면서 행복을 나눌 수 있다면 얼마나 좋을까요.

고모, 나는 밤마다 당신 꿈을 꿔요. 꿈속에서 고모는 나를 만나고 싶어 하지 않아요. 고모에게 전화를 걸어서 "고모, 제발 나를 보러와 주세요. 당신이 너무 보고 싶어요"라고 말하기 직전에 잠에서 깨곤 해요.

단 한 번만이라도 고모를 만날 수 있다면 얼마나 좋을까요. 고모의 어깨에 손을 얹고 눈을 들여다보면서 감사하다고 말하고 싶어요. 고모가 내게 준 모든 것에 감사해요. 고모는 나에게 영감과 용기를 주셨어요. 내가 지금 누리는 많은 것은 고모가 가르쳐준 것들이에요. 고모가 지금 곁에 있다면 나는 당신에게 어떤 도움을 줄 수 있을까요.

고모. 당신은 부활을 믿었어요. 그런 당신의 믿음이 이루어
졌기를 진심으로 빌어요. 선하고 사랑으로 가득 찬 사람들
사이에서 새로운 삶을 시작했을 거라고 믿어요.

지금쯤 천국에서 하나님과 함께 새 생명을 누리고 있겠죠.
하나님이 고모를 팔에 안고 "잉가, 지금까지 힘든 삶을 살
았지. 이제야 슬픔이 없는 고향에 돌아왔구나"라고 말하는
모습을 상상합니다. 그곳에서 영원히 평안하기를 빕니다.

　　　　　　　　　　　　　　- 한없는 사랑을 보내며,

　　　　　　　　　　　고모를 영원히 잊지 않는 마리안느

마리안느가 편지를 다 읽고 나서 우리는 함께 눈물을 흘렸다. 감
동적인 편지였다. 그녀는 그날 이후로 고모의 꿈을 꾸지 않았다.
그전에는 잉가에 대해서 생각하는 것조차 고통스러운 일이었지
만, 지금은 슬픔, 평안, 감사의 감정을 가지고 그녀를 회상할 수
있게 되었다.

어느 한쪽으로 기울어지지 않도록

+

관계와 당신의 개인적인 목표 중 어느 것이 더 중요한가? 지금 당장 당신이 원하는 무엇인가, 아니면 좋은 관계를 유지하는 것인가? 한 가지 측면에 초점을 맞추면 다른 쪽은 간과하게 된다.

다른 사람들의 기대에 부응하는 데 집중하면 자신의 목표를 성취하기 힘들다. 그럴 때는 개인적인 목표에 더 많은 시간과 노력을 투자해야 한다. 반대로 사람들과의 관계에서 자주 갈등을 일으킨다면 자신의 목표에만 집중하느라 관계의 중요성을 간과하고 있는 건 아닌지 점검해볼 필요가 있다. 그럴 때는 관계에 초점을 맞추고 시간과 노력을 투자해야 한다. 우정과 관계를 우선순위에 두고, 개인적인 목표나 욕구는 그다음 자리에 놓아야 한다. 당신은 새로운 행복을 발견하고, 그 관계 속에서 목표를 성취할 수 있는 에너지를 얻게 될 것이다.

자신이 선택한 관계는 행복에 중요한 영향을 미친다. 만약 대부분의 관계에서 권태감이나 적대감을 느낀다면, 관계를 개선하기 위해 노력해야 한다. 그것은 당신의 행복을 위해 충분히 노력할 만한 가치가 있는 일이다.

문제를 솔직하게 인정하고 대화를 나누는 성향을 가지고 있다면, 상대방의 행복을 증가시키기 위한 노력을 해야 한다. 반대로 다른 사람들을 기쁘게 하려고 노력하지만, 솔직한 대화를 나눌 때는 뒤로 물러서는 경향이 있다면, 대화를 통해 관계의 목적을 명확하게 설정하고 더 깊은 관계로 발전시켜야 한다. 두번째 방법은 두 사람이 강하고 유연한 자아의식을 가지고 있을 때 좋은 결과를 얻을 수 있다.

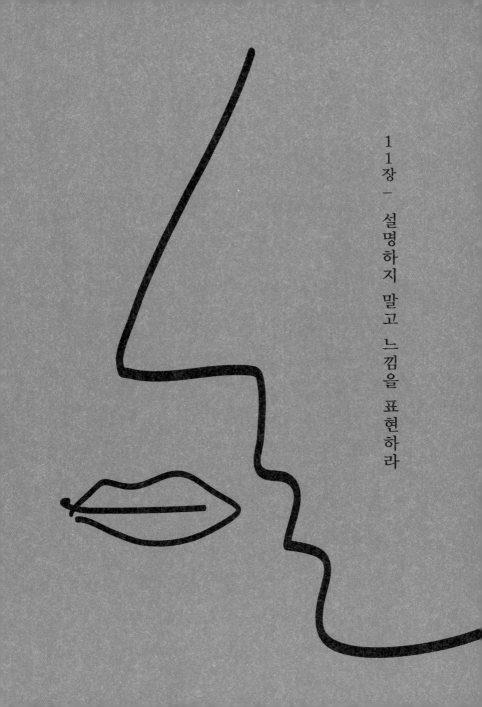

11장 ─ 설명하지 말고 느낌을 표현하라

아리스토텔레스가 말했듯이 '지혜는 자기 자신을 아는 것'이다.

우리는 모두 내면에 타인에게 인식되는 자신의 이미지를 가지고 있다. 자아의 큰 그림은 어렸을 때 형성된다. 부모의 시선과 반응 속에 투영된 이미지를 통해 자아를 발견한다. 부모가 자녀에게 충분한 관심과 애정을 쏟고 표현하면, 그 아이는 확고한 자아를 형성한다. 자신이 괜찮은 존재라는 자신감이 생기면 타인과의 관계 속에서 유연하게 반응할 수 있다. 다른 사람이 짓궂게 놀리거나 비웃을 때도 웃음으로 넘기는 여유를 가질 수 있다.

그러나 부모가 자녀를 이해하고, 감정을 충분히 수용할 능력이 없을 때 아이는 명확한 자아 인식을 형성하지 못한다. 그런 부모들은 내 아이가 다른 아이보다 뛰어나야 한다는 지나친 기대감을 갖기 때문에 아이에게서 보고 싶은 것만 보고, 긍정적인 측면에 대해서만 반응을 보인다. 그리고 자녀의 모습에서 자신의 억압된 자아의 부정적인 측면을 발견하고 자녀의 왜곡된 이미지를 투영한다.

부모가 자녀의 인격 형성 과정에서 아이를 정확하게 파악하지 못하고, 수용하지 못하고, 투영하지 못한 부분은 성인이 되었을 때 문제를 일으키는 원인이 된다. 자녀는 자아에 대한 확고한 이미지를 갖고 있지 않기 때문에 어떤 때는 자신을 실패자로 인식하고, 어떤 때는 영웅으로 인식하는 양면적인 태도를 보인다.

극도로 제한된 자아상을 가지고 있는 사람들도 있다. 어떤 상황에서도 자기 자신을 통제할 수 있다고 생각하는 사람은 다른 사람에게 도움을 요청하는 것에 심한 거부 반응을 보인다. 그는 자신이 연약한 존재라는 사실을 받아들이지 못한다. 반대로 자신을 항상 남에게 도움을 주는 존재로 인식하는 사람은 스스로 한계를 정하지 못한다. 남을 도울 에너지가 고갈된 상황에서도 그런 자신을 용납하지 못한다.

자아상이 확고하지 않은 사람은 다른 사람들이 자신에 대해 하는 말에 쉽게 흔들리고 상처를 받는다. 그가 실제로 좋은 사람이고 사랑받을 만한 사람인지 아닌지는 중요하지 않다. 누군가가 그에게 이기적인 사람이라고 하면, 그는 흥분해서 그 생각이 틀렸다는 걸 증명하기 위해 설명을 늘어놓을 것이다.

설명으로 상대를 통제하지 마라

+

자아가 확고한 사람은 남들에게 자기 자신을 설명할 필요를 별로 느끼지 않는다. 자신을 있는 그대로 보여주기만 하면 된다고 생각한다.

설명의 목적은 내가 원하는 방식으로 상대가 나를 인식하게 만드는 것이다. 끊임없이 내가 어떤 사람이고, 어떤 사람이 아니라는 것을 설명하면 사람들은 당신을 지루해하고 짜증스럽게 여길 것이다. 사람들은 자신만의 방식으로 타인을 보고 인식하기 원한다. 그러나 당신은 그들이 마음대로 당신을 인식하는 것에 불안을 느낀다.

자신을 설명하려는 욕구는 불안감에서 비롯되는 경우가 많다. 그들의 내면에는 타인에게 버림받는 것에 대한 두려움이 숨어 있다. 그들의 무의식에는 부모의 사랑과 관심을 얻기 위해 터득한 방식으로 다른 사람들에게 인식되지 않으면 버림을 받을지도 모른다는 두려움이 깔려 있다.

다른 사람과 진실하고 완전한 관계를 맺으려면 서로의 눈을 바라보고, 마음을 열고, 서로를 느낄 수 있는 용기가 필요하다. 다른 사람의 이야기에 진지하게 귀를 기울이고, 새로운 점을 발견하려는 열린 마음을 가질 때 깊고 친밀한 관계가 형성된다.

자신이 어떤 사람인가를 설명하기에 바쁘다면 당신은 관계 안에서 힘과 활기를 얻을 수 있는 진실한 만남을 방해하고 있는 것이다.

공격과 방어의 수단이 되면 안 된다

+

내담자들 중에는 다른 사람과 대화를 시도할 때마다 분노와 비난으로 끝나기 때문에 반복적인 갈등을 겪고 있는 사람이 많다. 나는 그들이 서로 마주보고 앉아서 평소에 하는 방식으로 대화를 나누게 한다. 그들은 대부분 연약한 자아상을 가지고 있어서, 다른 사람과 대화할 때 자신이 위협을 당하고 있다고 느낀다.

대부분의 문제는 의견의 불일치에서 시작된다. 부부는 자녀를 양육하고 훈육하는 문제에 대해 다른 의견을 가질 수 있다. 그럴 때 서로의 견해 차이를 인정하고 타협하고 절충하는 태도가 필요하다. 그러나 문제에 대해 설명하기 시작하면, 대화가 통제하기 힘든 상황으로 치달을 수 있다.

아내가 설명을 늘어놓는 목적은 그 상황에서 자신의 관점이 옳다는 것을 증명하기 위해서다. 그녀는 남편에게 자신의 방식이 자녀의 문제를 처리하는 훌륭한 방식임을 강조하고 싶다. 문제는 그녀의 설명이 상대에게는 비난으

로 들린다는 것이다. 그녀의 방식이 훌륭한 부모의 역할
이라는 설명은 남편의 방식은 반대라는 걸 의미한다. 그
녀가 주장하는 '훌륭한 부모의 역할'을 지지하지 않으면
남편은 나쁜 아빠가 된다. 이때 자아의식이 연약한 남편
은 아내에게 공격을 당하고 있다고 느끼고, 자신의 견해
를 설명하는 것으로 방어하려고 한다. 그의 설명은 아내
에게 비난으로 인식되고, 두 사람의 논쟁은 다람쥐 쳇바
퀴 돌듯 같은 자리를 맴돌게 되는 것이다.

　어떤 문제에 대해 진정한 대화를 나누려면, 대화의 당
사자가 명확한 자아상을 가지고 있어야 한다. 자신이 적
어도 부분적으로 그릇된 견해를 가질 수 있는 존재라는
것과 사랑받지 못하는 것에 두려움을 느낀다는 것, 그리
고 상대방에게 고통을 준 당사자라는 것을 인정해야 한
다. 가장 바람직한 대화는 부정적인 문제에 대한 각자의
책임을 공유하고 서로 사과하는, 화해의 대화일 것이다.

　그러나 그런 대화가 항상 가능한 것은 아니다. 자아가
약한 사람은 자신의 잘못을 직시할 때 과도한 불안을 느
끼기 때문에 절대로 다른 사람의 비난을 받아들이지 않

으려고 한다. 그들은 또 자신이 잘못했다는 것을 인정하지 않기 때문에 죄책감을 느끼지 않는다. 그들은 "나는 그렇게 할 수밖에 없었어. 내가 선택할 수 있는 다른 방법은 없었어"라는 말로 부정적인 일에 대한 자신의 책임을 회피한다. 다른 방식으로 행동할 수 있었다고 지적하면 끊임없이 변명을 늘어놓으면서 화를 낸다. 그들은 자신의 잘못을 직시할 수 없기 때문에 절대로 먼저 용서를 빌지 않는다.

상대의 부정적 감정 수용하기

+

깊은 관계로 들어가려면 부정적인 감정을 표현할 수 있는 용기가 필요하다. 문제를 명확하게 인식하고, 자신과 상대방의 잘못을 인정하고, 서로의 책임을 공유할 때 진정한 화해가 가능하다. 아니면 한쪽이 자신의 견해를 설명하지 않고 상대방의 부정적인 감정을 수용해야 화해가 이루어진다. 그럴 때 두 사람은 안정적이고 깊은 관계

속으로 들어갈 수 있다.

모든 관계가 깊은 관계로 발전할 수 있는 것은 아니다. 연인이나 배우자와의 관계에서도 서로가 상대방에게 고통을 안겨준 잘못을 인정하고 용서를 빌 때 깊은 관계로 성숙할 수 있다. 그러나 당신의 배우자에게 그런 능력이 없다면, 그가 자신의 책임을 수용하고 인정하게 하려는 것은 에너지를 소모하는 헛된 노력이다. 책임을 수용하려는 의지가 전혀 없는 사람에게 책임을 강요한다고 해서 달라지는 것은 없다. 거듭 대화를 시도하는 것은 시간 낭비일 뿐이다.

당신의 에너지는 다른 긍정적인 일에 사용되어야 한다. 그가 필요로 하는 것은 당신의 친절한 말이다. 두 사람 모두 즐거움을 느낄 수 있는 방법으로 시간을 보내라. 그가 정신적인 깊이를 가진 사람이기를 바라는 것은 부질없는 기대일 뿐이다. 그는 그런 깊이를 갖고 있지도 않고, 원하지도 않는다. 그런 기대를 포기하면, 오히려 그의 장점을 발견하고 그것에 감사할 수 있다.

두 사람의 관계에서 부족한 것은 다른 방법으로 얻어

야 한다. 당신에게 깊이 있는 관계가 정말 중요하다면, 다른 사람과의 관계에서 그것을 찾기 위해 노력해야 한다.

느낀 그대로를 전달하라

+

상대방에게 당신이 어떤 사람으로 인식되기 원하는지 설명하지 말고 느낌을 표현하라. 그런 방법은 관계를 훨씬 더 부드럽게 만들어줄 것이다. "나는 다른 사람들이 어떤 이유로든 나를 비판할 때 견디기 힘들어"라고 말하는 대신 "그럴 때는 온몸에 식은땀이 나는 것 같아"라고 말하라.

어떤 감정을 느끼는 이유나 어떤 것을 원하는 이유를 설명하지 말고, 당신이 느끼고 감지하고 원하는 것을 표현하라. 상대방은 당신에게 훨씬 더 큰 공감과 친밀감을 느낄 것이다. 군이 자신을 설명하고 옹호하고 정당화하려고 하지 않아도 된다. 당신이 느낀 것을 그대로 표현하라. 그것으로 충분하다.

다른 사람이 당신을 온전히 이해하기를 바라는 것은 무의미한 일이다. 많은 여성이 남편에게 자신이 어떤 것을 원하는 이유를 이해시키려고 수없이 같은 내용의 말을 되풀이한다. 그러나 남편에게는 아내가 원하는 것을 이해하려는 의도나 관심이 없다. 아내가 원하는 것은 남편이 원하는 것과 갈등을 일으킨다. 아내는 전혀 들을 생각이 없는 남편에게 설명을 반복하고, 남편은 아내의 지루한 설명에 짜증과 분노를 느낄 뿐이다.

다른 사람이 당신을 이해해주기를 요구하는 대신 원하는 것이 무엇인지 표현하고, 그것을 존중해줄 것을 요구하라. 그것으로 충분하다. 다음에 나오는 글은 남편에게 자신이 원하는 것을 구체적으로 표현하고 존중해줄 것을 요구한 한 여자의 이야기다.

그녀는 언젠가 남편이 자기를 이해해줄 거라고 믿었다. 그녀는 그를 이해시키려고 안간힘을 썼다. 정확하고 적절한 말을 찾기 위해 많은 시간을 들였다. 그녀는 자신이 느끼는 고통을 온전히 표현할 수 있는 말을 발견할 때마다 기대감을 갖고 그에게 말했다. 그녀는 희망이 만들어낸 환상 속에서 자신을 부드러운 시선으로 바라보며 "이제 당신이 왜 그렇게 힘들어했는지 이해할 수 있을 것 같아"라고 말하는 남편의 모습을 상상했다.

그녀는 그 순간을 상상하며 그 말을 하기 위해 오랜 기간 연습했다. 과거의 경험을 통해 그에게 이야기하기 전에 준비할 시간이 필요하다는 걸 알고 있었다. 그녀는 조심스럽게 그에게 잠시 대화할 시간이 있는지 물었다. 그를 똑바로 쳐다볼 용기가 나지 않아서 곁눈질로 그의 반응을 살폈다. 하지만 그의 얼굴을 보는 순간, 대화할 수 있을 거라는 기대는 물거품처럼 사라졌다. 그는 그녀가 자기 얼굴에 구정물을 뒤집어씌우기라도 한 것 같은 표정을 짓고 있었다. '완전한 분리.' 그녀는 무너지지 않기 위해 속으로 되뇌었다. '내가 아직 적당한 말을 찾지 못한 거야. 아니 내 말이 그에게 미처 전달되지 못한 거뿐이야.'

그녀는 몇 달 전부터 심리 치료사 올레 피터슨(Ole Peterson)의 상담 대기자 명단에 올라 있었다. 그녀는 그를 만나기 전에 웹 사이트에서 사진을 찾아보았다. 실제로 그를 만났을 때, 그녀는 사진과 전혀 다른 모습에 실망했다. 그는 전혀 전문가처럼 보이지 않았다. 약간 불안정해 보였고, 어떤 면에서는 너무 인간적으로 보였다. 그가 정말 자기를 도와줄 수 있는 사람인지 의심스러웠다.

그녀는 테이블 밑을 내려다보면서 작은 목소리로 "저를 도와줄 수 있나요?"라고 물었다. 올레 피터슨은 그녀의 말뜻을 음미하기라도 하는 것처럼 잠시 말없이 앉아 있었다. 그러고는 "제가 무엇을 도와주기를 원하나요?"라고 물었다. 그녀는 고개를 들고 "제 남편이 저를 이해할 만한 적당한 말을 찾도록 도와주세요"라고 말했다. 그는 또다시 한참을 침묵했다. 그의 표정에서 부정적인 대답이 나오리라는 것을 짐작할 수 있었다. "적당한 말을 찾도록 도와드릴 수는 없지만, 새로운 방법을 가르쳐드릴 수는 있습니다."

그녀는 혼란스러운 기분으로 자신의 차가 세워져 있는 곳으로 걸어갔다. 내면에 맞춰져 있던 퍼즐 조각들이 완전히 해체된 느낌이었다. 어떤 퍼즐은 아예 모양이 달라져서 다시 끼워 맞추는 것조차 불가능할 것 같았다.

그녀는 집으로 돌아오는 차 안에서 하염없이 눈물을 흘렸다. 지금까지 남편의 이해를 구하기 위해 매달렸던 자신의 삶을, 허무하게 낭비한 시간을 생각하며 울었다. 이제 그녀는 자신의 모습을 객관적으로 바라볼 수 있을 것 같았다. 남편이 자신을 이해하도록 애원하고 기대하고 실망했던 시간들, 발끝으로 서 있는 것처럼 불안하고 초조하게 살아온 시간들이 파노라마처럼 스쳐 지나갔다.

별장은 고요했다. 자기 자신을 되찾기에는 더없이 좋은 장소였다. 그녀는 오랫동안 바닷가를 거닐었다. 세차게 불어오는 바람이 답답한 가슴을 시원하게 뚫어주었다. '휘휘' 바람 소리와 철썩이는 파도 소리에 안심하며, 누가 들을까 걱정하지 않고 마음껏 소리 내 울 수 있었다. 머리카락이 바람에 날려 헝클어지든 햇볕에 얼굴이 까맣게 그을리든 신경 쓰지 않았다.

그녀의 깊은 곳에서 무언가 산산이 부서져 내리는 소리가 들렸다. 언젠가는 적절한 말로 자신의 마음을 그에게 표현할 수 있을 거라고 믿었다. 그러면 지금까지 받지 못했던 관심과 배려를 받을 수 있을 거라고 생각했다. 그녀는 아주 어렸을 때의 기억을 떠올렸다. 부모님의 관심과 사랑을 받지 못했던 어린 시절을 인정하고 싶지 않았다. 그녀는 절실하게 원하거나, 보상받을 수 있다고 확신하지 않을 때는 다른 사람의 필요를 채워주기 위해 자신이 원하는 것을 절대로 포기하지 않았다.

어렸을 때, 얻으려고 노력했지만 충족되지 못한 관심과 사랑을 생각하자 뺨 위로 하염없이 눈물이 흘러내렸다. 그녀는 여섯 살의 자신을 떠올렸다. 아빠는 맞은 편 의자에 앉아 신문을 읽고 있었고, 그녀의 큰 눈은 아빠의 얼굴을 보면서 '나를 바라봐주세요. 내가 누군지 보세요. 그리고 나를 안아주세요.'라고 말하고 있었다. 그러나 아빠는 고개도 들지 않은 채 "밖에 나가서 놀지 않을래?"라고 말했다.

이것이 그녀가 기억하는 어린 시절의 모습이었다. 누군가의 관심을 받고 싶은 갈망, 자신을 받아주고 이해해주기를 바라는 욕구는 끊임없이 그녀를 괴롭혔다. 그녀는 지금 어느 때보다 자신의 슬픔을 깊이 느끼고 있었다. 깊은 슬픔 속에서 지금까지 그녀를 붙잡고 있던 어떤 손의 힘이 점점 약해지는 것을 느꼈다.

이틀 후, 집으로 돌아온 그녀는 한참 동안 정원에 서서 유리

창을 통해 남편의 모습을 지켜보았다. 그의 모습은 어쩐지 작고 슬퍼 보였다. 약간 앞으로 구부러진 어깨가 그의 고뇌를 드러내고 있는 것 같았다. 새로 핀 딱총나무의 향기가 스쳐 지나갔다. 정원 분수에서 흐르는 물소리는 마음을 차분하게 가라앉혀주었다.

그는 그녀가 다가오는 소리에 고개를 돌려 반가운 표정으로 바라보았다. 그녀는 "당신에게 할 말이 있어요"라고 말했다. "그래?" 그의 미소가 진지한 표정으로 바뀌었다. 맞잡은 두 손에서 긴장감이 느껴졌다.

"나는 당신이 아침 일찍 라디오를 크게 틀어놓는 게 정말 싫어요."

"그래?"

"당신은 절대 이해하지 못할 거예요. 앞으로도 그럴 거고요. 예민한 성격을 가졌다는 게 어떤 건지 당신은 절대 모를 테니까요."

"사실, 난 잘 몰라."

그의 눈썹 사이의 깊은 주름이 약간 부드러워졌다.

"더 이상 못 참아요. 아니 참지 않을 거예요."

그녀는 그의 눈을 똑바로 쳐다보며 말했다. 그 순간 그녀는 자신이 완전해지는 것을 느꼈다.

"아……."

그는 그녀의 시선을 피하며 낮게 탄식했다.

"이제부터 내 의견을 존중해줄 건가요?"

그는 마치 처음 만나는 사람을 보는 표정으로 그녀를 응시했다.

"그래야 할 것 같군."

"그래야만 해요. 나와 함께 살고 싶다면요."

"물론 당신과 함께 있고 싶어. 한내, 보고 싶었어."

타인의 시선으로 바라보기

+

당신은 자신이 누구인지 인식하고, 자아상을 수용해야 한다. 아직 늦지 않았다. 어린 시절 부모가 적절하게 투영하지 못했던 당신의 자아를 완성할 수 있다.

누군가 당신에 대해 어떤 말을 했을 때 '맞아. 그게 바로 나야'라고 생각한 적이 있을 것이다. 그 순간 마지막 퍼즐 한 조각을 맞춤으로써 자아를 완성한 것 같은 느낌을 받았을 것이다.

자기 자신을 발견하기 원하는 내담자를 위해 나는 이야기를 듣고, 수용하고, 그들의 모습을 투영해주는 역할을 한다. 나에게 투영된 모습을 확인하면 자신에게 맞지 않는 퍼즐은 버리고, 맞는 퍼즐은 찾아내서 자아상을 완성해나간다. 투영을 통해 자신의 모습을 더 많이 발견할수록 더 완전한 자아상을 만들 수 있다.

나는 그들에게 집으로 돌아가 세 명의 사람에게 자신에 대한 인상을 물어보라는 과제를 내준다. 그리고 다음 시간에 그들이 들은 대답을 토대로 이야기를 나눈다. 그들은 타인이 자신에 대해 어떤 인상을 갖고 있는지 확인하고, 자기 자신을 새로운 관점에서 인식하게 되었다.

다른 사람이 나를 인식하는 방식에 대해 이해하지 못하는 사람도 있지만, 타인의 시선을 통해 자기 자신을 더 정확하게 파악하고 자신감을 얻는 경우도 많다. 당신은 둘 중 어느 쪽인가.

자기에 대해 설명을 늘어놓는 경향이 있다면, 내면의 힘을 강화해야 한다. 친구들이나 전문가와 그 문제에 대해 대화를 나누고 도움을 요청하는 것도 좋은 방법이다.

자신감이 높아질수록 자아는 튼튼한 기초 위에 서게 될 것이다. 자신에 대해 설명해야 한다는 강박을 버리고, 있는 모습 그대로 당당하게 다른 사람과 관계를 맺을 수 있다. 자아 인식을 수용하고 이해할수록 타인을 받아들이는 능력이 향상되고, 안정적이고 편안한 관계를 발전시켜나갈 수 있다.

그리스의 철학자 아리스토텔레스가 말했듯이 '지혜는 자기 자신을 아는 것'이다. 자신이 누구인지를 알고, 고유한 존재로 만드는 내면의 능력을 개발하는 것이다.

| 감사의 말 |

나는 오랫동안 심리 치료사이자 신학자인 벤트 포크 (Bent Falk)의 현명하고 지적인 강의를 다양한 주제로 들을 수 있었다. 그의 가르침을 통해 있는지조차 몰랐던 나의 여러 가지 일면을 발견할 수 있었다.

응용 심리학을 전공하고 게슈탈트 분석 연구소(Institute for Gestalt Analysis)의 연구소장으로 있는 닐스 호프마이어 (Niels Hoffmeyer)는 인간의 심리를 단순하고 정확하게 설명함으로써 나에게 많은 영감의 근원을 제공했다. 그리고 그의 강의는 많은 사람에게 새로운 인식과 깨달음과 안식을 주었다.

응용 심리학자 피터 스토가드(Peter Storgård)는 내게 심리학의 틀 안에서 연구하는 방식의 중요성과 인지 치료의 잠재력을 가르쳐주었다.

심리 치료사로서 지금까지 내가 한 강의와 상담 치료에 참여해준 이들에게 감사의 말을 전한다. 특별히 이 책에 자신의 이야기를 인용할 수 있도록 허락해준 내담자들에게 깊은 감사를 드린다. 원고를 끝까지 읽고 피드백을 제공해준 이들이 있다. 그들과의 논쟁으로 이 책에 더 정확하고 예리한 내용을 담을 수 있었다. 일일이 이름을 언급할 수는 없지만, 그들은 각각 자기만의 방식으로 이 책에 흔적을 남겼다. 모두에게 고맙다.

마르틴 부버, 『나와 너』, 문예출판사, 2001

앨리스 밀러, 『천재가 될 수밖에 없었던 아이들의 드라마』, 권혜경음악
치료센터, 2002

마셜 B. 로젠버그, 『비폭력 대화』, 바오출판사, 2004

제프리 E. 영, 『성격장애의 인지치료』, 하나의학사, 2005

어빈 얄롬, 『실존주의 심리치료』, 학지사, 2007

일자 샌드, 『센서티브』, 다산3.0, 2017

Beck, Judith S: Cognitive Behavior Therapy, Second Edition:
Basics and Beyond. Guilford Press, 2011

Davidsen-Nielsen, Marianne og Nini Leick: Healing Pain:
Attachment, Loss, and Grief Therapy. Routledge, 1991

Della Selva, Patricia Coughlin: Intensive Short-term Dynamic
Psychotherapy: Theory and Technique. London: Karnac Books,
1996

O'toole, Donna: Aarvy Aardvark Finds Hope. Compassion Press, 1988

Sand, Ilse: Come Closer. Jessica Kingsley Publishers, 2017

Sand, Ilse: Tools for Helpfull Souls. Jessica Kingsley Publishers, 2017

옮긴이 김유미

서강대학교 영어영문학과를 졸업하고, 현재 전문 번역가로 활동 중이다. 번역한 책으로는 일자 샌드의 『센서티브』를 포함하여, 『레버리지』 『위대한 몽상가』 『프로작 네이션』 『행복한 라디오』 『오만과 편견』 『지식애』 『무엇으로 읽을 것인가』 『휴먼 3.0』 『애거서 크리스티 전집』 등이 있다.

서툰 감정

초판 1쇄 발행 2017년 7월 18일
초판 12쇄 발행 2023년 8월 25일

지은이 일자 샌드
옮긴이 김유미
펴낸이 김선식

경영총괄이사 김은영
콘텐츠사업본부장 박현미
콘텐츠사업4팀장 임소연 **콘텐츠사업4팀** 황정민, 박윤아, 옥다애, 백지윤
편집관리팀 조세현, 백설희 **저작권팀** 한승빈, 이슬, 윤제희
마케팅본부장 권장규 **마케팅1팀** 최혜령, 오서영
미디어홍보본부장 정명찬 **브랜드관리팀** 안지혜, 오수미, 문윤정, 이예주
크리에이티브팀 임유나, 박지수, 변승주, 김화정, 장세진 **뉴미디어팀** 김민정, 이지은, 홍수경, 서가을
지식교양팀 이수인, 염아라, 김혜원, 석찬미, 백지은 **영상디자인파트** 송현석, 박장미, 김은지, 이소영
재무관리팀 하미선, 윤이경, 김재경, 이보람
인사총무팀 강미숙, 김혜진, 지석배, 박예찬, 황종원
제작관리팀 이소현, 최완규, 이지우, 김소영, 김진경, 양지환
물류관리팀 김형기, 김선진, 한유현, 전태환, 전태연, 양문현, 최창우

펴낸곳 다산북스 **출판등록** 2005년 12월 23일 제313-2005-00277호
주소 경기도 파주시 회동길 490 다산북스 파주사옥 3층
전화 02-704-1724 **팩스** 02-703-2219 **이메일** dasanbooks@dasanbooks.com
홈페이지 www.dasanbooks.com **블로그** blog.naver.com/dasan_books
용지 아이피피 **인쇄** 북토리 **코팅 및 후가공** 평창피앤지 **제본** 국일문화사
ISBN 979-11-306-1352-9 (03180)

다산북스(DASANBOOKS)는 독자 여러분의 책에 관한 아이디어와 원고 투고를 기쁜 마음으로 기다리고 있습니다. 책 출간을 원하는 아이디어가 있으신 분은 다산북스 홈페이지 '투고원고'란으로 간단한 개요와 취지, 연락처 등을 보내주세요. 머뭇거리지 말고 문을 두드리세요.